근대적 세계관을 구성하는 주요 요소들은 진보적 역사관 속에 통합되면서 나름의 일관성을 획득했다. 자율적 개인, 과학과 기술, 민주주의와 자본주의, 순수 예술의 이념 등과 같은 것이 근대성을 구성하는 기본 요소들이었다. 그리고 역사가 어떤 목적을 향해 발전해간다는 생각은 그런 요소를 감싸는 어떤 외피와 같았다. 그러나 유럽이 양차 세계대전을 겪으면서, 그리고 세계화 시대를 통과하면서 그 외피가 여기저기 터져나가고 말았다. 그 결과는 자명한 것이다. 근대적 세계관의 요소들이 일관성을 상실하면서 칠친 것이다.

에피파니 필로스 후마니타스
Epiphany Philos Humanitas

근대적
세계관의
형성

데카르트와 헤겔

김상환 지음

에피파니 필로스 후마니타스
Epiphany Philos Humanitas

근대적
세계관의
형성

데카르트와 헤겔

김상환 지음

에피파니

책머리에

이 책은 2018년 네이버 〈열린연단: 문화의 안과 밖〉에서 행한 두 차례의 강연 원고 「근대적 세계관의 탄생: 데카르트적 전회」와 「근대적 역사관: 헤겔적 완성」을 바탕으로 작성되었다. 서양의 근대문화는 16세기 말에서 19세기 초에 이르는 시기에 화려되었다. 인류 사상사 전체를 통해 보더라도 이 시기는 보기 드물 정도의 놀라운 변화와 풍요한 결실들로 가득 찬 시대였다. 이 경이로운 시대의 출발점에는 데카르트가, 그 도달점에는 헤겔이 서 있다. 나는 이 책에서 데카르트에 의해 어떻게 근대 사상사가 열리고 헤겔에 의해 어떻게 닫히는지를 그려 보고자 했다.

어느 시대의 역사나 마찬가지겠지만 특히 서양 근대 사상사는 거대한 대양에 비길 만큼 다양하고 심오한 사상들로 넘치고 있다. 그런 광활한 대양의 파도를 여기저기 헤쳐가며 수심을 모두 측량한다는 것은 나같이 천학비재한 저자로서는 감당하기 어려운 과제다. 다만 독자들이 이 책을 읽으면서 근대 사상사의 시작과 끝에 해당하는 해변을 산책하면서 유럽적 근대성에 대한 기본적인 이해에 도달하기를 희망할 뿐이다. 데카르트와 헤겔 사이에는 근대 사상사의 분수령이라 할 칸트가 서 있다. 다행히 얼마 전 다른 곳의 강연을 통해 칸트 철학 전반에 대해 내 나름대로 정리할 기회가 있었다. 원고가 정리되어 출간된다면 이 책과 함께 짝을 이루어 서로 미비한 점들을 어느 정도 보완할 수 있을 것이다.

어찌된 일인지 2018년은 서양 근대 사상사의 높은 봉우리들을 오르락내리락하면서 다 보내게 되었다. 1년 동안 이렇게 일관된 주제에 몰두한 것은 시시때때로 작업 분야가 달라지는 것이 보통인 나로서는 오랜만의 경험이다. 여기까지 오도록 인도해 준 우연한 만남과 기회들, 특히 최근 가까이 지내게 된 주위 선생님과 동료들에게 감사드린다.

2018년 11월
김 상 환

차례

제2부 근대적 역사관

들어가는 말
근대성의 기원과 그 요소들

이 책 1부의 목적은 데카르트를 중심으로 17세기에 일어난 세계관의 변화를 설명하는 데 있다. 이때 세계관은 자연과 정신에 대한 통합적 이해를 의미한다. 외면세계인 자연과 내면세계인 정신에 대해 고중세인들이 지녔던 기본적 신념은 이 시기에 이르러 점차 무너져 내리면서 전혀 새로운 세계관에 자리를 내주었다. 수천 년 동안 지속되어왔던 관점을 대신하여 현재까지도 강력한 영향력을 발휘하고 있는 존재 이해의 기본 도식이 태동한 것이다. 인류 사상사 전체를 통틀어 보더라도 아마 이보다 더 큰 규모의 지각 변동은 흔치 않을 것이다.

자연과 정신에 대한 통합적 이해

근대성의 구성 요소

이런 지각 변동의 근저에는 과학의 혁명적 변화가 있다. 17세기 과학혁명은 근대적 세계관의 기초가 확립되는 사건이었다. 그렇다면 이때 '근대적'이란 무엇을 의미하는가? 근대성은 아마 두 가지 유형으로 나누어보는 것이 좋을 것이다. 하나는 연대기적 의미의 근대성이고 다른 하나는 연대기적 의미 이상의 근대성이다. 전자는 국지적 근대성이고 후자는 세계사적 근대성이다. 이것을 설명하면 다음과 같다. 각각의 문화권은 저마다 고유한 역사적 현실을 꽃피우며 현재를 구가한다. 그런 현재의 역사적 현실과 이어지면서 연속적인 흐름을 이루는 과거 일반의 문화적 특성을 우리는 연대기적 의미의 근대성이라 부를 수 있다. 그런데 특정 지역에서 형성된 근대성이 다른 문화권에서 널리 수용되어 일반화될 수 있다. 국지적 특수성을 넘어 세계사의 보편적 요소로 작용하게 되는 것이다. 보편성을 획득한 이런 세계사적 근대성을 우리는 연대기적 이상의 근대성이라 부를 수 있다.

국지적 특수성을 넘어 보편성을 획득한 세계사적 근대성은, 연대기적 이상의 근대성이다

연대기적 이상의 근대성은 유럽 문명에 의해 처음 성취되었다. 그것은 16세기에서 19세기에 이르

는 유럽 문명사의 흐름 속에서 형성된 근대성이다. 이 보편적 근대성은 크게 보아 다음과 같은 다섯 가지 요소를 기본 내용으로 한다. 첫째는 개인의 자율적 내면성에 대한 존중과 그에 기초한 윤리관이다. 둘째는 과학의 중시와 그에 바탕을 둔 자연관이다. 셋째는 민주주의적 입법 체계의 수용과 그에 기초한 정치관이다. 넷째는 상업의 중시와 이와 맞물린 자본주의적 경제관이다. 우리는 여기에 마지막으로 예술과 기술의 분리, 혹은 순수예술의 등장[1]을 덧붙일 수 있다. 자율성의 윤리, 과학적 자연관, 민주주의 정치, 자본주의 경제, 순수예술이라는 이상의 다섯 가지 요소가 언젠가부터 세계사의 일반적 흐름을 규정해온 보편적 근대성의 면면(面面)에 해당한다.

이상의 다섯 가지 요소를 중심에 둘 때 우리가 주목해야 하는 역사적 사건이 무엇인지는 자명해진다. 자율성의 윤리와 관련해서는 16세기 종교개혁이, 과학적 자연관과 관련해서는 17세기 과학혁명이 역사적 전환을 가져왔다. 민주주의 정치와 자본주의 경제는 18세기 산업혁명과 프랑스혁명을 역사적 분수령으로 한다. 순수예술의 등장과 일반화는 19세기의 문턱을 지나던 독일 낭만주의의 충격

보편적 근대성은 ① 개인의 자율적 내면성을 존중하는 윤리관 ② 과학을 중시하는 자연관 ③ 민주주의적 입법 체계의 정치관 ④ 상업을 중시하는 자본주의적 경제관 ⑤ 예술과 기술을 분리하는 순수주의 예술관 등을 가진다

으로 돌아가 살펴보는 것이 최선일 것이다.

이런 여러 역사적 사건 중 가장 중요한 한 가지를 꼽으라는 것은 유치하고 어리석은 질문인지 모른다. 역사적 과정의 복잡성과 계열 간 상호 의존성을 무시하고 있기 때문이다. 그럼에도 그런 우문에 답하자면 아마 17세기 과학혁명을 들어야 하지 않을까 한다. 왜냐하면 과학혁명에 따른 세계관의 변화가 없었다면 종교개혁이 잉태한 내면성의 원리[2]가 자율성의 윤리로 발전할 수 없었을 테니 말이다. 과학혁명은 또한 산업혁명을 가져온 기술적 진화의 바탕이자 프랑스혁명을 이끌었던 계몽주의의 원천이기도 했다. 마지막으로 독일 낭만주의와 관념론은 17세기의 과학적 세계 이해 도식에 대한 반발에서 시작되었다. 우리는 이런 이유에서 과학혁명에 의해 초래된 세계관의 변화가 유럽의 역사를 통해 형성된 보편적 근대성의 핵심을 이룬다고 간주할 수 있다.

새로운 과학의 등장에 따른 세계관의 변화는 마침내 역사관의 변화로 이어졌다. 과학적 발견과 기술적 혁신이 가속화되면서, 이와 맞물려 민주주의와 시장경제가 확산되면서 역사가 순환한다는 오래

17세기 과학혁명의 중요성

11

된 믿음이 깨졌다. 그리고 역사는 어떤 이상적인 목적을 향해 점차 발전해간다는 새로운 믿음이 일반화되었다. 이런 진보적 역사관은 근대적 세계관을 구성하는 여러 요소들 중의 한 가지 요소라 할 수 있다. 그러나 동시에 그것은 우리가 앞에서 열거했던 근대성의 다섯 가지 구성 요소 전체를 종합하는 특권적인 위치에 있다. 진보적 역사관은 근대적 세계관 전체에 미래적인 이념을 불어넣으면서 그 이질적인 요소들에 통일성을 부여하는 최후의 요소라 할 수 있다.

'포스트모더니즘'이니 '탈근대'니 하는 용어에 들어가야 할 최소한의 의미도 여기서 찾아야 할 것이다. 즉 이런 용어들은 당분간 진보적 역사관의 소멸을 핵심에 두는 소극적인 단어로 사용되어야 한다. 탈근대란 근대적 세계관을 구성하는 모든 요소들이 완전히 과거의 것이 되었다는 것을 말하지 않는다. 다만 그것은 진보적 역사관의 후퇴와 그에 따른 일관된 세계관의 붕괴를 말할 뿐이다. 탈근대라 부를 만한 시대에도 근대적 세계관의 구성 요소들은 여전히 존속할 것이다. 존속할 뿐만 아니라 경우에 따라서는 훨씬 더 과격한 양상을 띠게 되거나 점점 더

심화된 성격을 노정할 것이다. 다만 그것들에 일관성을 부여할 원리를 상실하여 미래에 대한 전망을 상실한 채 혼미한 국면으로 접어들고 있을 뿐이다.

탈근대는 진보적 역사관을 대신해서 근대성의 요소들을 새롭게 묶어줄 끈이 등장할 때야 비로소 새로운 역사적 현실을 가리키는 적극적인 용어가 될 수 있을 것이다. 우리는 이 책의 2부에서 헤겔을 중심으로 근대의 진보적 역사관이 태동 및 완성되는 과정을 살펴볼 예정이다. 이러한 회고적 성찰이 근대성의 주요 특성을 이해하는 데뿐만 아니라 오늘날 탈근대의 징후 속에 요구되는 새로운 역사관에 대한 상상력을 자극하는 데에도 일조하기를 바란다.

제1부
근대적 세계관

17세기 과학혁명과 새로운 형이상학의 요구

앞의 예비적 논의에서 우리는 근대성을 구성하는 주요 요소들을 열거해보았다. 그리고 그 요소들 중에서 과학과 역사가 차지하는 특권적인 위치를 강조했다. 먼저 근대 과학은 가령 개인의 자율적 내면성, 민주주의와 자본주의, 예술과 기술의 분리 같은 근대성의 요소들이 발아하기 위해 뿌리내리는 기본적 토양에 해당한다. 다른 한편 진보적 역사관은 그 모든 근대성의 요소들에 일관성을 부여하는 유기적 통일성의 원리에 해당한다. 요컨대 근대 과학과 진보적 역사관은 각각 근대성의 시작과 끝을 표시하는 논리적 계기라 할 수 있다.

근대 과학이란 17세기 이후의 과학을 말한다. 그렇다면 이 시기 과학에서 일어난 변화의 요체는 어디에 있는가? 이것은 전근대 과학과 근대 과학의 차이에 대한 물음과 같다. 그 결정적인 차이는 '수학과 분리된 과학인가 아니면 수학과 결합된 과학인가'라는 데 있을 것이다. 근대 이전의 과학 책을 보면, 거기에는 수학 공식이나 기하학적 도형이 등장하지 않는다. 반면 근대 이후 과학을 표방하는 문서에는 반드시 수학 공식이나 양적 계산이 등장한다. 언젠가부터 수학이 없는 과학은 상상할 수 없게 되었다. 17세기 과학에 일어난 혁명적 변화의 요체는 언어의 교체에 있다고 할 수 있다. 근대 이전, 특히 자연학의 언어는 자연언어였다. 반면 근대 이후 자연학의 언어는 수학이 되었다. 자연학의 언어가 자연언어에서 수학으로, 혹은 형식언어로 바뀐다는 것이 17세기 과학혁명의 도화선이다.

수학을 자연학과 결합하는 기획은 보통 '수리자연학의 기획'이라 불린다. 그리고 수리자연학의 선구자로는 갈릴레오가 꼽히며 데카르트와 뉴턴이 그 뒤를 잇는다. 갈릴레오 이전에는 코페르니쿠스와 케플러가 이미 수학적 연산에 의존하여 천문학의

전근대 과학과 근대 과학의 차이는 수학과 분리된 과학(전근대 과학)인가, 아니면 수학과 결합된 과학(근대 과학)인가 이다

혁신을 가져왔다. 데카르트는 17세기 수리자연학의 기획에 참여한 대표적 과학자이자 새로운 과학에 걸맞은 형이상학적 토대를 구축한 위대한 철학자다. 당시의 수리자연학은 학문과 사고의 기초 범주 일반에 대한 새로운 정의를 요구했다. 자연뿐만 아니라 인간을 과거와는 근본적으로 다르게 표상할 수밖에 없도록 만든 것이다. 데카르트가 인류 사상사에 불멸의 이름으로 남은 것은 바로 그런 요구에 가장 적절하게 부응했기 때문이다.

17세기 수리자연학은 데카르트를 통해 비로소 자신에 부합하는 형이상학적 토대와 개념들(가령 진리, 자연 및 정신 개념)을 얻게 되었다. 비로소 당대의 종교와 화해할 수 있었으며, 따라서 드디어 외부의 간섭에 해방되어 자율적이고 지속적인 진화의 길로 들어설 수 있게 되었다. 이른바 '정상 과학'으로 자리를 잡게 된 것이다. 이런 이유에서 고대적 세계관이 근대적 세계관으로 뒤바뀌는 역사적 과정을 설명하고자 한다면 우리는 무엇보다 데카르트 형이상학을 들여다볼 수밖에 없다. 물론 17세기는 데카르트 말고도 수많은 철학자들을 배출했다. 그러나 세계를 인식하거나 표상할 때 의지해야 할 가장 초보적인 관념들을 당대의 과학에 부합하도록 새롭게 정의하는 데 있어 데카르트만큼 성공을 거둔 철학자는 찾기 어렵다. 현재까지 과학적 상식을 구성하는 대부분의 기초 개념들이 데카르트의 형이상학에서 유래한다.

우리는 앞으로 데카르트의 형이상학을 중심으로 근대적 자연관과 영혼관이 탄생하는 과정을 고중세의 세계관이 몰락하는 과정과 서로 교차시켜볼 예정이다. 그러나 그 이전에 근대 과학의 탄생 배경과 그 특성을 좀 더 자세히 들여다볼 필요가 있다. 앞에서 언급했던 것처럼 17세기에 들어 세계관을 구성하는 기초 개념들, 가령 정신, 물질, 자연, 공간 등과 같은 기초 범주들이 완전히 새롭게 정의되어야 할 필요성이 제기되었다면, 그것은 무엇보다 과학 자체의 틀이 바뀌면서 발생한 문제이기 때문이다. 17세기 과학혁명은 무엇보다 과학 개념 자체의 과격한 변화에서 시작되었고, 이것이 이후 일어난 무수한 변화들의 출발점이다.

17세기에 들어 세계관을 구성하는 기초 개념들, 가령 정신, 물질, 자연, 공간 등과 같은 기초 범주들이 완전히 새롭게 정의되어야 할 필요성이 제기되었다면, 그것은 무엇보다 과학 자체의 틀이 바뀌면서 발생한 문제다

1. 근대 과학의 탄생 배경과 그 특성

그렇다면 근대 과학은 어디에 그 기원을 두고 있는가? 이런 물음은 적어도 다음과 같은 세 가지 관점에서 접근해야 할 것이다. 먼저 17세기 과학은 고대에서 시작되는 서양 과학의 역사적 흐름 전체 안에서 바라볼 필요가 있다. 근대 과학은 전혀 새로운 역사적 현상이 아니라 과거의 특정 전통이 부활, 진화하는 국면이기 때문이다. 다른 한편 근대 과학은 중세와 르네상스 시기에 형성된 탐구 환경을 배경으로 접근해볼 필요가 있다. 이것은 17세기 과학의 주역들이 빚지거나 계승하는 이전 시기 과학자들의 성격에 대해 묻는 일이다. 마지막으로 근대 과학 자체가 지닌 기본적 특성이다. 우리는 주로 방법

론의 측면에서 근대 과학의 고유한 특성을 정리해
볼 예정이다.

고대 그리스의 두 전통

서양 과학사 전체 안에서 근대 과학의 태동 과정을
바라볼 때 우리가 염두에 두어야 하는 것은 고대 그
리스에서 확립된 두 가지 전통이다. 한 전통은 피타
고라스에서 플라톤에 이르는 전통인데, 여기서는 수
학이 학문의 모델이다. 다른 한 전통은 아리스토텔
레스가 확립하고 중세 스콜라철학이 받아들인 전통
인데, 여기서는 생물학이 자연학의 모델이다. 17세
기는 중세를 지배하던 아리스토텔레스-스콜라 전
통이 파산하고 피타고라스-플라톤 전통이 부활하는
국면이다. 이 시기 과학을 주도했던 케플러, 갈릴레
오, 데카르트는 이 점을 분명히 의식했던 것처럼 보
인다. 수학자였던 이들은 자신들이 피타고라스-플
라톤 전통의 후예임을 공공연히 선언했다.

어떤 전통에서든 자연학의 과제는 자연의 비밀
을 밝히는 데 있다. 그러나 두 전통에서 자연은 서
로 다르게 이해되었다. 가령 아리스토텔레스-스콜
라 전통에서 자연이란 살아 있는 듯 움직이는 어떤

두 가지 전통
① 학문의 모델
은 수학: 피타
고라스에서 플
라톤에 이르는
전통
② 모든 자연학
의 모델은 생물
학: 아리스토텔
레스에서 확립
하여 스콜라철
학이 받아들인
전통

유기적인 전체를 말한다. 자연적 사물의 표본은 생물에, 자연학적 탐구의 핵심은 사물이 지닌 질적 특징을 분류하는 데 있다. 반면 피타고라스-플라톤 전통에서 자연은 살아 있는 유기체라기보다는 어떤 영원한 질서의 불완전한 담지자다. 여기서는 자연 자체보다는 자연을 재현할 수 있는 어떤 이상적 평면이 더 중요하다. 사물은 감각적 경험보다는 이성적 통찰이나 추론을 통해 다가서야 할 그 무엇이다. 자연적 사물의 표본은 수나 도형에 있기 때문이다. 자연학적 탐구는 사물이 지닌 양적인 특성이나 비례 관계를 측정하는 데 있다. 따라서 수학은 자연학에 필요불가결한 안내자이자 도구일 수밖에 없다.

17세기 과학혁명은 유기체적 자연관이 기계적 자연관으로 뒤바뀌는 사건이다

17세기 과학혁명은 이런 두 전통이 교체되는 사건이다. 질적 분류의 학문이 양적 측정의 학문으로 전환되는 사건, 그것이 과학혁명의 요체를 이룬다. 그런데 이것은 유기체적 자연관이 기계적 자연관으로 뒤바뀌는 사건으로 볼 수도 있다. 왜냐하면 17세기에 피타고라스-플라톤 전통이 부활하는 데는 기계학의 발전이 결정적인 역할을 했기 때문이다. 자연학에 수학을 끌어들이게 된 것은 기계장치를 제작하는 과정에서 수학이 차지하는 비중이 점

아테네Athene 아카데미아에서의Academia 플라톤과Platon 아리스토텔레스Aristoteles,
Raffaello Sanzio 作

차 증가함에 따라 일어난 귀결이다. 수학은 자연학에 적용되기 전에 먼저 기계학에 도입되었는데, 이것은 학문의 영역 바깥에 자리하던 기술자들이 새로운 과학의 주역으로 등장하는 과정이기도 하다. 17세기에 등장한 과학자들은 원래 공학자에 가까웠고, 이들은 기계를 모델로 사물을 파악하고자 했다.

르네상스 과학의 두 노선

이 점과 관련하여 중세에서 르네상스에 이르는 학문의 역사를 잠깐 되돌아보자. 17세기 이전 과학은 주로 두 노선에 따라 전승되어왔다. 하나는 수도원이나 대학에 속한 학자들이 이어온 계보이고 다른 하나는 대학 바깥의 장인이나 기술자들이 이어온 계보다. 학자들은 이른바 '교양과목(liberal arts)'이라 불리는 일곱 가지 학문(문법, 논리, 수사학, 산수, 기하, 음악, 천문)을 천착했다. 문자와 책을 중심으로 한 학자들의 학문은 전통과 권위를 중시했고 세계에 대한 체계적 이론의 수립을 목표로 했다. 반면 기술자들은 건축, 항해, 무기 제작 등의 현장에 종사하면서 다양한 실험과 기계 제작의 경험을 축적해왔다.

수도원과 대학에 속한 학자들의 과학과 대학 바깥의 장인들과 기술자들이 이어온 과학이 두 부류의 노선은 각각 두 가지 물음의 유형을 대변한다. 학자들은 사물을 볼 때 그것의 의미를 묻는다. 반면 기술자들은 그 기능을 묻는다. 의미를 묻는다는 것은 원인, 목적을 찾는다는 것이고 마침내 일반적 원리에 도달한다는 것이다. 반면 기능을 묻는다는 것은 어떤 국지적 역할과 작동 방식을 찾는다는 것이다. 여기에는 일반적 원리에 대한 관심이 개입하지 않는다. 개입하는 것은 그때그때의 필요를 해소할 수 있는 자유로운 임시변통 가능성이나 중간 원리에 대한 관심이다. 그러므로 기술자에게는 과거의 전통과 권위는 중요하지 않다. 중요한 것은 현실의 문제를 해결하는 유연한 상상력이다. 그리고 학자가 문자 해독 능력을 중시한다면, 기술자에게 중요한 것은 장인적인 손 기술이다.

학자와 장인의 융합-레오나르도 다빈치는 '장인으로서 학자되기'를, 갈릴레오 갈릴레이는 '학자로서 장인되기'를 각각 대변하면서 기계 제작과 수학적 측정이 하나로 융합되는 경향을 가속화했다

근대 과학은 중세기에 형성된 이런 두 가지 노선이 만나는 가운데 형성되었다. 근대 과학의 두 얼굴을 이루는 귀납과 연역은 두 계보에서 각각 연유하는 방법론이다. 두 계보가 합류하는 과정도 역시 두 방향으로 이루어졌다. 한편으로는 학문을 배운 기술자들이 자신들의 경험을 문자로 기록하면서, 특히 수학을 천착하여 기계 제작에 응용하면서 종합

27

이 일어났다. 다른 한편으로는 학자들이 세속의 공적 이익을 위해 건축이나 기계 제작에 관심을 가지면서 융합이 일어나기도 했다. 이런 융합은 16세기 가장 선진화된 문명을 구가하던 이탈리아에서 활발하게 일어났다. 레오나르도 다빈치와 갈릴레오 갈릴레이는 이 시대를 상징하는 인물이다. 레오나르도는 장인의 학자-되기를, 갈릴레오는 학자의 장인-되기를 대변한다. 이 두 거장은 수학적 측정과 기계 제작이 하나로 수렴되는 경향을 가속화했다.

근대 과학의 두 얼굴

그 밖에 영국에서는 항해술과 관련된 연구, 특히 자기력(磁氣力) 연구가 발전했는데, 이 과정에서도 전통 학문과 기술의 융합이 활발하게 일어났다. 근대 과학의 강력한 옹호자인 프랜시스 베이컨 역시 이런 추세를 대변하는 인물이다. 그는 장인 전통의 이념과 절차를 중시하면서 아리스토텔레스-스콜라 전통의 학문을 대체할 새로운 학문을 꿈꾸었으며, 이를 위해 오늘날 귀납법이라 불리는 창의적인 방법론을 제시했다.

반면 프랑스에는 연역법의 대변자 데카르트가 있

귀납법의 프랜시스 베이컨
연역법의 데카르트

었는데, 그는 학자 전통의 관점에서 당시의 장인 전통을 수용했던 철학자다. 당시 기술자들이 품고 있던 기계론적 세계관을 형이상학적 토대 위에 올려놓은 철학자가 데카르트다. 그러나 17세기에 일어난 장인의 학자-되기나 학자의 장인-되기는 미완의 간극을 남겨놓았다. 기술적 전통의 노선과 학자적 전통의 노선이 합류하되 완전히 합일되지는 못한 것이다. 그러므로 이 시기를 기술하던 역사가는 이렇게 썼다.

데카르트는 기술자들의 기계론적 세계관을 형이상학의 토대 위에 올려놓았다

〔베이컨과 데카르트 같이〕 새로운 과학 방법론을 분석하고 규칙화한 17세기의 어느 누구도 두 전통을 전적으로 통합하는 데 성공하지 못했다. '경험적인 학문과 이성적인 학문' 혹은 '경험적인 능력과 이성적인 능력'을 하나로 만드는 데 실패한 것이다. 그래서 장인과 학자 사이에 있던 오랜 장벽의 그림자가 아직 남게 되었다. 그리고 그 그림자는 오늘날에까지 실험과학자와 수리과학자 사이에, 나아가 순수과학자와 응용과학자 사이에 남아 있다.[3]

근대 과학은 어떤 좁혀지지 않은 간극을 사이에 두고 끊임없이 분리와 결합을 반복하는 두 측면을

지닌다. 방법론에서 이것은 귀납과 연역으로 나타나고 인식론에서는 경험론과 합리론으로 귀결된다. 서로 대립하는 것 같은 이 두 가지 양상이 동전의 양면처럼 분리할 수 없는 근대 과학의 두 얼굴이다. 그 둘을 하나로 묶었을 때 한쪽은 '분석'으로, 다른 한쪽은 '종합'으로 명명된다. 요즘의 과학철학에서는 하나를 '발견의 문맥'으로, 다른 하나를 '정당화의 문맥'으로 부르기도 한다. 전자는 특수에서 보편으로, 경험에서 일반적 원리로 나아가는 길이다. 후자는 보편에서 특수로, 일반적 원리에서 경험으로 나아가는 길이다. 하나가 지식의 내용을 확장해가는 과정이라면, 다른 하나는 그렇게 확장된 내용에 형식과 의미를 부여해가는 과정이다.

근대적 의미의 과학적 지식은 이상의 두 가지 길 위에서, 또는 거기서 요구되는 두 가지 조건 위에 성립한다. 하나는 내용과 관련된 조건이다. 과학적 지식은 새롭게 발견된 사실이나 법칙을 내용으로 한다. 과학적 탐구는 관찰과 실험을 통해 앎의 내용을 확장해가는 과정이다. 다른 하나는 원리와 관련된 조건이다. 과학적 지식은 특수한 경험을 축적한다고 해서 획득되는 것이 아니다. 특수한 경험을 통해 예증되는 일반적 원리에 도달할 때 과학적 탐구는 완료된다. 과학적 지식은 원리에 의해 정당화되거나 그 의미가 밝혀진 경험적 내용이다. 우리는 이제 근대 과학을 구성하는 이런 두 측면이 두 가지 역사적 전통의 산물임을 알았다. 그것은 근대 과학의 기원에 있던 장인 전통과 학자 전통이 합류하면서 후대에 남겨놓은 차이의 흔적인 것이다.

경험과 관찰을 통해 주어지는 경험적 내용이 지식의 객관적 조건이라면, 원리는 인식 주체에 의해 주어지는 지식의 주관적 조건이자 그 형식이다

우리는 내용과 관련된 지식의 조건을 객관적 조건이라 부를 수 있다. 지식의 내용은 주관에 의해 생산되는 것이 아니라 대상으로부터 주어져야 하기 때문이다. 반면 원리와 관련된 지식의 조건을 주관적 조건이라 부를 수 있다. 내용에, 심지어 내용을 획득하는 과정에 질서를 부여하는 원리는 인식 주체에 의해 주어져야 하기 때문이다. 과학적 탐구에서 두 가지 조건은 원만한 협력 관계에 놓일 수도, 상호 배반적인 관계에 놓일 수도 있다. 가령 확장된 내용이 기존의 원리에 의해 효율적으로 조직되고, 그렇게 조직된 내용이 다시 기존 원리의 타당성을 입증하는 선순환 구조를 이룰 수 있다. 반면 사실의 발견이 기존 원리에 반하면서 새로운 원리의 고안을 촉구할 수 있다.

성 토마스 아퀴나스Thomas Aquinas, Adam Elsheimer 作

Pr. Francis Bacon, Lord
Keeper and afterwards
Lord Chancellor of
England, 1617

베이컨 Francis Bacon, Frans Pourbus 作

베이컨의 우상 파괴

과학의 혁신은 두 조건이 반목을 이룰 때 일어난다. 특히 기존 원리에 완강히 저항하는 사실이 과학에 역사적 변화를 가져오는 원동력이다. 그러므로 화이트헤드는 근대 과학 정신의 형성 기여한 중요한 요소들 중의 하나로 중세 말 자연주의 예술의 발흥을 든다. 이때 자연주의는 사물을 감싸는 상징적 관념의 껍질을 깨고 있는 그대로의 사물 자체에 직접 다가가려는 관심을 말한다. '주변의 흔한 사물들을 이해하는 데서 오는 진정한 희열'을 표현하려는 것이 자연주의다. 이런 자연주의적 희열은 직접적 사실들로 향하는 '끈덕진 관찰의 습성'과 맞물려 있다.[4]

이런 자연주의적 희열과 습성을 예술 쪽에서 예증하는 것이 레오나르도 다빈치라면, 그에 상응하는 철학은 1세기 이후 베이컨에 의해 대변된다. 베이컨은 과학의 진보를 위해 아무런 편견 없이 사물을 바라볼 것을 주창하는 가운데 실험을 중시하는 귀납법을 창안했다. 물론 17세기 수리자연학의 관점에서 볼 때 베이컨은 한계가 많은 철학자다. 자연을 16세기의 마술적 신비주의의 연장선상에서 이해하고 있었기 때문이다. 베이컨은 당대의 수리자

관념의 껍질을 깨고, 사물을 있는 그대로 보려는 자연주의적 태도

34

연학에 대해 대체로 무지했으며 그의 질적 귀납법은 지리학과 생물학이 발흥하는 18세기에 가서나 존중되었다. 그럼에도 불구하고 베이컨은 아리스토텔레스 철학의 오류를 비판하고 그의 방법론을 대체하는 작업에 몰두하면서 전통 해체의 선구자이자 새로운 시대의 옹호자로 떠올랐다.

　　베이컨의 전통 해체 작업은 우상론으로 개진된다. 이때 우상은 인간의 마음속에 자리하면서 사실에 대한 직접적인 접근을 가로막는 오류의 성향을 말한다. 이런 우상으로는 종족의 우상, 동굴의 우상, 시장의 우상, 극장의 우상이 있다.[5] 종족의 우상, 이것은 인간 일반의 본성에 내재하는 가상을 가리킨다. 가령 사물을 의인화하여 마치 의지나 감정이 있는 주체처럼 바라보려는 충동이 좋은 사례다. 이런 인간중심적인 세계관 속에서 인간의 마음은 외부에 전혀 있지도 않은 수많은 질서와 규칙을 자연에 투사하기에 이른다. 동굴의 우상은 개인의 출생과 삶의 환경 때문에 빚어지는 가상이다. 신체적 조건이나 정신적 기질에 따라 개인의 사고방식이 달라질 수 있다. 교육이나 성장 과정, 직업에 따라 생기는 편견도 있다. 이런 것들은 개인이 '자연의

전통 해체 작업은 베이컨의 우상론 –
① 종족의 우상
② 동굴의 우상
③ 시장의 우상
④ 극장의 우상
으로 개진된다

빛' 아래 사물을 바라보지 못하게 만드는 동굴이다.

시장의 우상, 이것은 언어의 오용에서 오는 가상이다. 시장은 상품뿐만 아니라 언어가 교환되는 장소다. 여기서 오가는 말들 중에는 실재하지 않는 것을 포장한 말들, 실재와 전혀 들어맞지 않는 엉뚱한 말들이 많다. 그럼에도 사람들은 말과 사물이 정확히 일치한다고 믿는다. 극장의 우상은 과거 철학에 사로잡혀 생기는 가상이다. 가령 아리스토텔레스 철학, 소박한 경험론, 피타고라스–플라톤 철학이 가상적 사고의 무대를 이루는 사례다. 과거 철학이 만드는 무대에서 가장 위험한 가상은 제일원리와 목적인을 향한 충동이다. 그러나 실생활에 필요한 지식은 멀리 떨어져 있는 목적인이 아니라 가까운 곳에 있는 질료인이나 작용인에 있다. 유용한 지식은 추상적인 제일원리에 있는 것이 아니라 중간원리에 있다.

빛의 실험

'중간 원리'는 베이컨의 방법론적 이념을 집약하는 가장 중요한 용어일 것이다. 과거 철학이 실용성과 무관한 관념적 추상의 세계에 빠지는 이유, 사

베이컨에 의하면 유용한 지식은 추상적인 제일원리에 있는 것이 아니라 '중간 원리'에 있다

람들이 과거의 전통이나 권위에 휘둘리는 이유, 인간 이성이 현실과 동떨어진 높이로 단번에 비약하려는 이유는 어디에 있는가? 이렇게 묻는 베이컨은 그 이유를 모두 제일원리나 일반 원리에 대한 집착에서 찾는다. 이런 답변의 배후에는 참된 지식의 원천은 중간 원리의 발견에 있다는 생각이 자리한다. 주변의 현실에 숨어 있는 중간 원리야말로 인간 복지에 기여하는 실용적 지식의 내용을 이룬다는 것이다. 베이컨은 중간 원리를 찾는 실험을 '빛의 실험'이라 부르고 이것을 '열매의 실험'과 대립시킨다(『신기관』, 단장 121). 이때 열매의 실험은 일반 원리나 그것에서 도출된 중간 원리를 예증하는 실험을 말한다. 반면 빛의 실험은 관찰된 사실들을 분류하고 그것들을 설명할 수 있는 가설들을 검증하여 최종적인 중간 원리에 도달하는 절차다. 베이컨은 이런 절차를 따르는 과학자를 꿀벌에 비유한다.

'실험'하는 개미와 '사색'하는 거미의 중간인 꿀벌은, 꽃들로부터 재료를 채취하지만, 스스로의 능력을 통해 변형하고 소화한다
— 베이컨

실험을 하는 사람은 개미와 같다. 그들은 단지 수집하고 정리하는 데 그친다. 사색하는 사람은 자기 몸에서 나온 분비물로 집을 짓는 거미와 같다. 그러나 꿀벌은 그 둘의 중간에 해당한다. 꿀벌은 정원과 들

판의 꽃들로부터 재료를 채취하지만, 그것을 자신의
능력을 통해 변형하고 소화한다.(단장 95)

개미는 소박한 경험론자로 자료를 무차별하게 수
집, 열거, 정리할 뿐이다. 반면 거미는 합리론자로
선험적 원리에 의존하여 현실과 동떨어진 사변적
체계를 수립하고 거기에 안주한다. 우리의 용어로
하자면, 개미는 지식의 객관적 조건에만 몰두할 때,
거미는 지식의 주관적 조건에만 만족한다. 그러나
꿀벌은 객관적 조건과 주관적 조건 모두를 추구하
되 그 두 조건이 서로 유도하고 확증하는 절차를 밟
는다. 이것이 베이컨이 가리키는 이상적인 과학자
의 모습이자 17세기 이래 모든 철학이 가리키는 진
정한 과학자의 전형이다.
　그러나 문제는 지식의 객관적 조건이나 주관적 조
건이 무엇인지에 대해 과학자나 철학자마다 견해
를 달리한다는 점이다. 가령 베이컨이 지식의 객관
적 조건을 분류 가능한 질적 특질에서 찾을 때, 갈릴
레오나 데카르트는 측정 가능한 양적 특질에서 찾았
다. 베이컨의 주관적 조건은 감각적 인상에 기초한
개념 형성의 가능성에 불과하지만, 갈릴레오와 데카

르트는 그것을 수학적 연역의 가능성에서 찾는다. 그렇기 때문에 한쪽 편에서 보면 다른 한쪽 편은 지나치게 한쪽으로 기울어져 있다. 지나친 합리론자인 거미처럼 보이거나 지나친 경험론자인 개미처럼 보이는 것이다. 그러므로 위에서 언급했던 것처럼 17세기의 그 누구도 두 가지 조건을 완벽하게 만족시키는 꿀벌이 되지 못한 것이다.

서양 사상사에서 칸트가 차지하는 중요성은 정확히 이런 문맥에서 성립한다. 칸트의 초월론적 관념론은 합리론과 경험론을 통합하는 모든 대안들 중 가장 균형 잡힌 모델로 꼽을 수 있다.

크리스티나 여왕과 논쟁하고 있는 데카르트 Dispute of Queen Cristina Vasa and Rene Descartes, Nils Forsberg 作

2. 갈릴레오와 17세기 수리자연학의 기획

17세기 과학혁명은 수리자연학에 의해 주도되었다. 수리자연학은 코페르니쿠스, 케플러를 지나 갈릴레오에 이르러 만개하기 시작했다. 과거 학문이 붕괴되고 새로운 학문이 확립된 것이다. 베이컨은 새로운 과학의 당위성을 선포하는 수준에 머물렀으나 갈릴레오는 과학 탐구의 현장에서 실질적인 변화를 이끌어내면서 17세기 과학혁명의 기폭제가 되었다. 근대 과학의 창시자라는 불멸의 이름을 얻은 것이다. 뛰어난 기계공이자 수학 전공 교수였던 갈릴레오는 중세의 장인 전통과 학자 전통이 합류하는 지점이자 기계학, 자연학, 수학이 융합되는 호수에 해당한다. 갈릴레오의 장인적인 면모는 망

뛰어난 기계공이자 수학 전공 교수였던 갈릴레오는 중세의 장인 전통과 학자 전통이 합류하는 지점이자 기계학, 자연학, 수학이 융합되는 호수에 해당한다

원경의 개량에서, 수리자연학자로서의 면모는 운동 및 낙하 물체에 대한 연구에서 빛을 발한다.

망원경의 힘

갈릴레오는 여러 측정 장치(온도계, 진자 등)와 실험 도구를 제작하여 과학적 탐구에 응용했다. 하지만 그 모든 것보다 중요한 도구 제작 사례는 망원경이다. 갈릴레오는 배율이 뛰어난 망원경을 고안하여 당대의 천문학에 커다란 충격을 주었다. 아리스토텔레스 우주론을 반박하고 코페르니쿠스 천문학을 지지하는 결정적인 증거들을 얻게 된 덕분이다. 아리스토텔레스는 천상계와 지상계를 구분했다. 이때 지상계는 공기, 물, 흙, 불의 네 가지 원소로 이루어져 있는 생성소멸의 세계다. 반면 천상계는 영원불변의 요소인 에테르로 이루어져 있다. 그리고 거기서 완벽한 원환을 그리며 운행하는 별들은 그 자체가 균일하고 완전한 구형을 이룬다.

그러나 망원경으로 관찰된 달은 대지의 표면처럼 울퉁불퉁했다. 거대한 산, 분화구, 계곡들이 보일 뿐만 아니라 대기가 있을 가능성도 점쳐졌다. 불변의 모습을 지녀야 할 태양에는 흑점이 나타났다.

이런 것들은 천상계와 지상계가 구성 요소나 성질에 있어 본성상 다를 것이 없음을 말해주는 증거다. 또 금성의 크기 변화가 관찰되었는데, 이런 발견 때문에 행성이 지구를 중심으로 똑같은 거리를 유지하며 순환한다는 오래된 신념은 금이 가고 말았다. 그 밖에 은하수가 무수한 별들로 이루어져 있으며 목성은 네 개의 위성을 거느린다는 사실을 알게 되었다. 이것은 지구나 태양 이외의 별도 천체 운동의 중심이 될 수 있음을 추론할 근거가 된다. 개량된 망원경은 이런 식으로 아리스토텔레스의 우주론과 그것에 기초한 천문학(프톨레마이오스의 천문학)이 사실과 동떨어진 관념적 허구임을 입증했다.

반면 당시까지 영향력이 미비했던 코페르니쿠스 천문학의 위상은 높아졌다. 표면적 현상을 설명하는 임시적 가설로만 수용되던 학설이 갈릴레오의 망원경 덕분에 실재의 구조 자체와 일치하는 이론으로 격상되기 시작했다. 지동설은 더 이상 참도 아니고 거짓도 아닌 도구적 가설이 아니라 있는 그대로의 우주를 재현하는 참된 이론으로 간주된 것이다.[6] 망원경을 하늘에 들이밀고 별들로부터 교회의 가르침에 반하는 소식을 계속 전해오자 갈릴레오는 드디어 종교재판소에 불려갔다. 그리고 코페르니쿠스에 대한 지지를 철회한다는 강요된 진술을 대가로 풀려났다.

천상과 지상의 통일

갈릴레오의 망원경이 세계관의 변화에 준 가장 큰 충격은 천상계와 지상계 사이의 차이를 과거의 신화로 만들어버렸다는 데 있다. 이제 천상의 불은 땅 위에서 볼 수 있는 불과 아무런 차이가 없게 되었다. 지상계의 요소들이 천상계를 이루는 요소들과 다르지 않다는 것이다. 지상계가 불완전한 만큼 천상계 또한 불완전한 세계가 되었다. 영원불멸의 세계는 우주 어디에도 없는 것이다. 이것은 기독교 신앙을 외부에서부터 보호하고 떠받치던 자연학적 토대가 붕괴됨을 의미한다. 그렇다면 천상에서 일어나는 운동은 지상의 운동과 동일한 본성을 지니고, 따라서 동일한 법칙에 따라야 하는가? 가령 대포알의 행로와 행성의 궤도는 유사한 것인가?

갈릴레오는 '자연적 운동'과 '강제적 운동'을 구분하는 아리스토텔레스의 학설을 부정하고 지상계의 모든 운동을 하나의 법칙 아래 수학적으로 분석하고자 했다. (이때 자연적 운동이란 자연에서 사물이 저마다 자신의 원래 위치를 찾아가는 운동이다. 가령 무거운 물체는 대지의 중심으로, 가벼운 물체는 하늘로 올라가는 것이 자연적 운동의 사례다. 반면 강제적 운동은 말이 마차를 끌 때와 같이 강요된 힘에 의해 일어나는 운동이다.) 그러나 천상계의 운동과 지상계의 운동을 하나의 법칙으로 설명하는 데 최종적으로 성공한 것은 뉴턴에 이르러서다. 갈릴레오는 천체의 운동이 원형적이라는 고대의 믿음을 아직 극복하지 못했다. 물체는 하늘에서건 땅에서건 언제나 같은 속도로 직선을 이루며 움직인다는 근대적인 관성 개념에 아직 멀리 떨어져 있었던 것이다.

천상계의 운동과 지상계의 운동을 하나의 법칙으로 설명하는 데 최종적으로 성공한 것은 뉴턴에 이르러서다

  그럼에도 불구하고 아리스토텔레스 운동론이 깨지는 데 있어서 갈릴레오의 역할이 컸다는 것은 누구도 부인할 수 없는 사실이다. 아리스토텔레스는 부동성이나 무변화가 완전성의 징표라고 보았다. 반면 운동은 불완전성의 징표로서 어떤 질적 변화를 동반한다고 보았다. 운동이란 어떤 발생, 변질, 쇠퇴의 과정이란 것이다. 생물 중심의 유기체적 세계관에 기초한 이런 운동 개념을 갈릴레오는 기계의 작동 방식에서 볼 수 있는 운동 개념으로 대체했

다. 자연의 변화 과정이 물체의 기계적 운동과 운동량의 교환으로 이루어진다는 것이다. 이는 자연의 운동이 부패나 생산 같은 질적 변화가 아니라 부분들이 그 자체로는 아무런 변화 없이 위치를 바꾸는 과정에 불과하다는 것을 말한다.

자연이라는 책

이런 운동 개념은 후일 데카르트에 의해 확립될 기계론적 세계관의 초석을 이룬다. 그 밖에 갈릴레오는 실험을 통해 물체 낙하 속도가 물체의 무게에 비례한다는 아리스토텔레스 학설이 잘못되었음을 보여주었다. 그리고 낙하 물체의 이동 거리가 낙하 시간의 제곱에 비례한다는 법칙을 발견했다. 갈릴레오 이후의 과학이나 근대적 세계관의 형성 과정을 생각할 때 이런 운동론에서 가장 중요한 요소는 모든 운동을 수학적으로 분석했다는 데 있다. 왜냐하면 17세기 과학혁명은 무엇보다 수리자연학의 기획이 완성되는 사건이었기 때문이다. 이런 수리자연학의 기획 배후에는 '자연이라는 책' 자체가 수학의 언어로 쓰여졌다는 믿음이 자리한다.

'자연이라는 책'
은 수학의 언어
로 쓰여졌다

1906년 베네치아의 레오나르도 도나토 총독[도제(doge)]에게 망원경을 보여주며 설명하고 있는 갈릴레이
Galilieo Galilei dispaying his Telescope to Leonardo Donato, Henry Julien Detouche 作

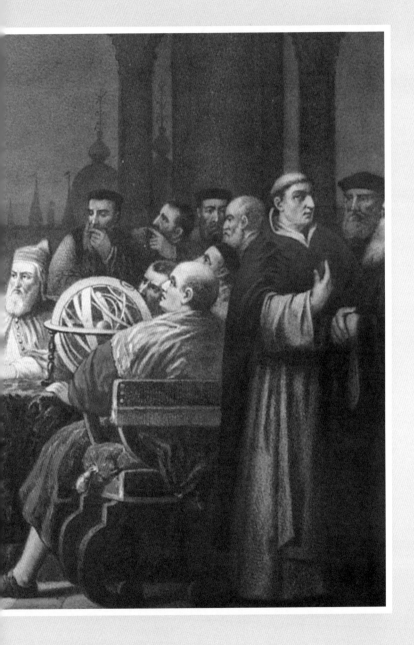

철학은 우리 시야에 항상 펼쳐져 있는 우주라는 거대한 책으로 쓰여 있다. 하지만 그 책의 문자와 언어를 배우고 이해하지 못한다면 우리는 그것을 알 수 없다. 그것은 수학의 언어로 쓰여 있다. 그리고 그것의 문자는 삼각형, 원, 그 밖의 다른 기하학적 도형들이다. 이런 문자를 모르고서는 우리는 그것을 한 마디도 알아듣지 못한 채 어두운 미로를 방황할 수밖에 없다.[7]

코페르니쿠스와 케플러(초기)는 이미 피타고라스-플라톤의 후예였다. 그들은 두 고대 철학자와 마찬가지로 수학을 자연 설명을 위한 이론적 도구로만 보지 않았다. 이들에게 수학은 우주 질서를 조형하는 기본적 요소다. 그렇기 때문에 천체는 원의 형태를 지녀야 했고 그것의 운동은 필연적으로 원형을 이루어야 했다. 수학적 형상과 조화는 우주의 구조를 조직하는 요소들이므로 관찰은 이런 선험적 요소들의 표상에 부합할 때만 의미를 지닐 수 있었다. 이런 형이상학적인 수학관은 17세기에 들어 점차 누그러들면서 나중에는 수학이 방법론적 도구로 대접받기에 이른다. 하지만 '자연은 수학의 언어

로 기록된 책'이라는 갈릴레오의 말 속에는 피타고
라스 - 플라톤 전통의 존재론이 아직도 역력히 살아
있다.

이 존재론적 언명에는 자연학적 탐구의 범위를
수학적으로 해석 가능한 성질들로 제한해야 한다는
요구가 담겨 있다. 자연이 수학의 언어로 기록된 책
이라는 것은 오로지 수학적으로 해독될 수 있는 요
소들만이 객관적이고 실재적인 대상이라는 것을 함
축한다. 이런 전제를 받아들이면 수학적 언어를 벗
어나는 요소들, 가령 다섯 가지 감각 때문에 생기는
질적 성질들은 학문적으로 무의미하거나 존재론적
으로 실재하지 않는 어떤 가상으로 전락해야 한다.
17세기 이후의 철학사, 특히 데카르트에서 칸트에
이르는 인식론의 역사는 갈릴레오의 언명에 담겨
있는 이런 존재론적 함축을 정당화할 뿐만 아니라
상식의 일부로 일반화해가는 과정이라 할 수 있다.

갈릴레오는 분명 수학적 존재 이해를 지니고 있
었음에도 불구하고 자신의 수리자연학을 정초하는
일반적 방법론이나 형이상학을 적극적으로 개진하
지 않았다. 일반 원리를 추구하기보다는 국지적 현
상을 설명할 중간 원리를 찾는 데 만족했다. 수리자

자연이 수학의 언어로 기록된 책이라는 생각은 오로지 수학적으로 해독될 수 있는 요소들만이 객관적이고 실재적인 대상이라는 생각을 함축한다

연학과 맞물린 철학적 작업은 데카르트에 의해 수
행될 예정이다. 데카르트 철학은 갈릴레오가 전범
(典範)을 제시한 수리자연학의 기획을 완결된 체계
로 발전시키는 동시에 그것에 형이상학적 기초를
제공하는 위치에 있다. 갈릴레오 - 데카르트의 수학
적 존재론에서 자연적 대상은 수학적 대상과 구별
되지 않는다. 자연적인 것이 수학적인 것이 되고 수
학적인 것이 자연적인 것이 되는 것이다. 그러나 이
것은 중세를 지배한 아리스토텔레스 - 스콜라 전통
에서는 받아들이기 어려운 전제였다. 왜냐하면 자
연을 살아 있는 유기체로 바라보는 이 전통에서 수
학적 대상은 구체성을 결여한 불완전한 대상에 불
과하기 때문이다.

데카르트 철학
은, 갈릴레오가
전범을 제시한
수리자연학의
기획을 완결된
체계로 발전시
키는 동시에 그
것에 형이상학
적 토대를 제공
하였다

사물을 정의하는 문제

이 점을 좀 더 자세히 설명하기 위해서는 자연적
사물에 대한 아리스토텔레스의 정의로 돌아갈 필요
가 있다. 아리스토텔레스는 사물을 형상(eidos)과
질료(hyle)의 복합체로 정의했다. 형상은 플라톤 철
학에서 이데아(idea)라 불렸고 라틴어권에서는 본
질(essentia)로 옮겼다. 형상은 사물의 정체성을 규

정하는 형식에 해당한다. 반면 질료는 형식적 구조에 의해 보호, 조직, 육성되는 어떤 내용과 같다. 동아시아 전통에서도 사물은 이(理)와 기(氣)의 결합체로 간주되었는데, 여기서도 '이'는 사물의 정체성을 규정하는 형이상학적 요소에 해당한다. 그리고 '기'는 사물의 질료적 바탕을 이루는 형이하학적 요소와 같다.

이런 유사한 사물 이해 때문에 동서 철학은 유사한 문제를 놓고 씨름했다. 그것은 형상과 질료, 혹은 '이'와 '기'의 관계를 둘러싼 문제로서 대충 두 가지 질문을 통해 개진된다. 하나는 우월성에 대한 질문이고 다른 하나는 구별 방식에 대한 질문이다. 가령 형상과 질료 중 어떤 것을 더 우월한 것으로 보아야 하는가? 이것이 우월성에 대한 질문이다. 동서를 막론하고 합리주의 전통이나 보수적인 전통에서는 형상이 질료에 대해서, '이'가 '기'에 대해서 존재론적으로 우월한 지위를 차지한다. 반면 경험주의 전통이나 진보적인 전통에서는 질료가 형상에 대해서, '기'가 '이'에 대해서 우월한 지위를 점한다.

우월하다는 것은 원리적이라는 것이고 원리적이라는 것은 능동적이라는 것이다. 형상 위주 전통이나 주리론 전통에서는 형식이 내용을 능동적으로 조직하고 배양하는 원리다. 형식적 원리는 그 자체로는 무의미하거나 무질서한 내용에 개입하여 의미를 생산하고 질서를 부여한다. 내용 그 자체는 비합리적이고 합리성의 원천은 형식에 있다는 것이다. 반면 질료 위주 전통이나 주기론에서 능동적인 원리는 내용에 있다. 내용이 능동적으로 운동하면서 형식적 특성을 분만한다. 형상은 질료의 자발적 자기운동 속에서 잉태되는 이차적 효과에 불과하다. '이'는 '기'의 운동이 보여주는 규칙적인 패턴이지 그 자체가 별도로 존재하는 것이 아니다.

여기서 형식 - 내용의 관계 문제는 두 번째 질문으로 이어진다. 그것은 그 둘이 구별되는 방식에 대한 물음이다. 가령 형상과 질료는 서로 실체적으로 구별되고, 따라서 상호 독립적으로 존재할 수 있는가? 형상과 질료는 하나의 실체(사물)가 지닌 두 속성일 수 있고, 이때 그 둘은 추상적으로만 구별될 수 있다. 그러나 이와 달리 어떤 사람은 형상이나 질료 중 하나를 중심에 놓고 나머지 하나를 부수적인 현상으로 볼 수도 있다. 동서 철학은 사물을 구성하는 두 측면을 놓고 이런 여러 가지 가능한 입장들 사이에서 벌어지는 논쟁의 역사를 담고 있다.

그런데 이런 문제를 떠나서 아리스토텔레스는 사물을 제대로 안다는 것이 형상과 질료 모두를 아는 것이라 생각했다. 게다가 아리스토텔레스 - 스콜라 전통에서 안다는 것은 사물의 질적 특질을 분류할 수 있다는 것을 의미한다. 고대나 중세의 과학에서는 따뜻함과 차가움, 무거움과 가벼움 같은 질적 성질이 사물의 본성을 이루는 핵심적 요소였다. 이런 사물 이해의 관점에서 보았을 때 기하학적 도형 같은 수학적 대상은 불완전할 수밖에 없다. 왜냐하면 질료가 없는 순수 형식에 불과하기 때문이며 질적 성질이 없는 순수 양적 성질만을 담지하고 있기 때문이다. 수학적 대상은 자연적 대상에 비해 반쪽짜리에 불과한 것이다.

아리스토텔레스는 수학적 대상을 구체성을 결여한 추상적 대상, 빈곤한 대상으로 간주했다

이런 이유에서 아리스토텔레스는 수학적 대상을 구체성을 결여한 추상적 대상, 빈곤한 대상으로 간주했다. 온전한 자연적 사물에 비할 때는 한없이 불완전한 대상이고, 따라서 자연학적 탐구에서는 아무런 도움이 될 수 없다는 것이다.[8] 고대나 중세의 자연학 책에 숫자나 도형이 등장하지 않는 이유는 이런 데 있다. 고대에서 중세에 이르기까지 수학과 자연학은 서로 무관한 학문으로서 서로 다른 진화의 과정을 밟아왔다. 그러나 이미 언급했던 것처럼 근대 과학혁명의 요체는 수학과 자연학이 분리 불가능한 관계로 통합되는 데 있다. 이런 통합 속에서 어떤 역전이 일어난다. 그것은 수학적 대상이 불완전한 대상에서 완전한 대상으로, 빈곤한 사물에서 이상적 사물로 뒤바뀌는 역전이다.

근대 과학혁명은 일종의 언어혁명이었다. 전근대 과학의 언어는 일상어였다. 반면 근대 과학의 언어는 수학이다. 과학혁명은 일상 언어에 기초한 자연학이 형식적 언어에 기초한 수리자연학으로 탈바꿈되는 사건이자 수학이 자연의 존재론적 문법으로 심화되는 사건이다. 이것이 '자연은 수학의 언어로 기록된 책'이라는 갈릴레오의 언명이 담고 있는 의미다. 이제 수학은 자연학의 유일한 언어일 뿐만 아니라 자연 그 자체의 언어로 간주된다. 수리자연학의 등장 이후 수학적 대상은 자연적 사물의 모델로, 따라서 과학적 대상 자체로 승격된다. 물론 이런 승격을 정당화해주는 것은 과학자가 아니라 철학자의 몫이다. 데카르트는 자연적 사물을 새롭게 정의하여 수리자연학이 요구하는 존재 이해를 정당화하는 데 성공했다.

갈릴레오에서 데카르트로

사물을 어떻게 정의할 것인가 하는 문제를 놓고
벌어진 논쟁의 역사는 동서 철학의 핵심에 해당한
다. 왜냐하면 철학이 감당해야 할 중요한 문제들 중
하나는 시대마다 달라지는 역사-문화적 현실에 부
응하여 거기서 요구되는 사물에 대한 정의를 제공
하는 데 있기 때문이다. 각각의 시대는 저마다 서로
다른 정신 속에서 문화를 꽃피우고 저마다 서로 다
른 시대정신은 자신에 고유한 존재 이해를 기초로
한다. 그리고 저마다 서로 다른 존재 이해는 최종적
으로 구체적인 사물 개념에 의해 압축된다. 철학은
당대의 시대정신과 존재 이해 속에서 막연히 형성
되는 사물 관념에 명확히 규정된 내용을 부여해야
한다.

물론 사물을 정의한다는 것은 쉬운 일이 아니다.
왜냐하면 그것은 당대의 시대정신과 존재 이해를
표현하는 일이되 서로 경쟁하는 관점들 사이에 패
권을 확립하는 과제이기 때문이다. 헤겔은 철학사
를 시대정신의 역사로 보았고 하이데거는 그것을

데카르트 René Descartes, Frans Hals 作

갈릴레오 Galileo Galilei, Ginseppe Bertini 作

존재 이해의 역사로 간주했다. 그러나 시대정신의 역사나 존재 이해의 역사는 사물 이해의 역사 속에서 압축되고 재구성될 때야 비로소 실제적인 현장 개입의 능력을 획득할 수 있다. 하이데거의 용어로 하자면 존재 이해의 역사는 존재자 개념 속에서 첨예화되어야 한다. 사실 동서를 막론하고 사물 개념은 끊임없이 인간 사유를 지배하는 이항대립의 계열 전체를 집약하는 위치에 있다.

가령 형상과 질료의 구별은 진/위, 미/추, 선/악, 내/외, 불변/가변 등의 논리적 이항대립만을 회집하지 않는다. 그것은 또한 남/여, 상/하, 귀/천, 주/노 등과 같은 사회적 이항대립을 규정하는 위치에 있다. 그리고 이런 이항대립은 노동 현장에서 정신노동/육체노동의 구별로 이어진다. 사물을 정의하는 도식이 인간적인 삶의 현실 일반의 세부에까지 영향을 미치는 것이다. 그러므로 사물을 정의한다는 것은 특정한 시대정신과 존재 이해를 편들어 자연 및 역사적 현실 전체의 질서를 재편한다는 것과 다름없다. 철학은 어떤 이념의 정치이고 그것이 생산한 사물 관련 개념에는 어떤 전쟁이나 화해의 흔적이 남기 마련이다.

시대정신의 역사나 존재 이해의 역사는 사물 이해의 역사 속에서 압축되고 재구성될 때 비로소 구체적인 현장 개입의 능력을 획득한다

사물을 정의한다는 것은 특정한 시대정신과 존재 이해를 편들어 자연 및 역사적 현실 전체의 질서를 재편한다는 것과 다름없다. 철학은 어떤 이념의 정치이고 그것이 생산한 사물 관련 개념에는 어떤 전쟁이나 화해의 흔적이 남기 마련이다

데카르트의 위대성은 바로 이 점에서 찾아야 한다. 그것은 갈릴레오보다 더 정교하고 체계적인 수리자연학을 구축했다는 데 있는 것이 아니다. 그것은 뉴턴을 포함한 17세기 수리자연학의 기획 전반에서 자라나던 존재론적 요구에 부응하여 그것이 미래로 나아가기 위해 필요했던 새로운 사물 개념을 제시한 데 있다. 물체, 신체, 정신, 자연 등과 관련된 그 개념은 과학혁명이 가져온 이념 갈등을 해소하는 원대한 화해 전략의 산물이다. 갈릴레오의 종교재판이 상징하는 것처럼 17세기 수리자연학은 기독교와 화해하지 않는다면 더 이상 미래로 나아가지 못할 형편이었는바 바로 이 문제를 해결한 것이 데카르트다.

데카르트는 아리스토텔레스 철학과 기독교의 동맹 관계를 해체하고 수리자연학과 기독교 사이에 새로운 동맹 관계를 구축했다

데카르트는 형이상학적 성찰을 통해 오랫동안 굳건하게 유지되었던 아리스토텔레스 철학과 기독교의 동맹 관계를 해체하고 수리자연학과 기독교 사이에 그것을 대신하는 새로운 동맹 관계를 구축했다. 이후 근대 과학은 더 이상 기독교와 마찰을 빚을 필요 없이 자신의 탐구에 몰두할 수 있게 되었다. 토마스 쿤의 용어로 하자면, 과학의 영역에 혁명을 일으키고 '패러다임 전환'을 가져온 것은 갈릴

레오지만, 새로운 과학을 '정상 과학'으로 끌어올린 것은 데카르트다.[9] 그런데 갈릴레오와 데카르트 사이에 놓인 이런 간극을 정확히 간파한 것은 다름 아닌 데카르트 자신이었다. 그는 이렇게 말했다.

이 편지를 갈릴레오의 저서에 대한 나의 논평으로 시작할까 합니다. 나는 그가 스콜라철학의 오류들을 최대한 피해 가고 또 수학의 근거들을 통해 자연학적인 문제들을 검토하고자 했다는 점에서 보통의 학자들에 비할 때는 매우 탁월하게 학문을 수행해가고 있다고 봅니다. 이런 점에서 나는 그와 전적으로 일치하며 진리를 찾는 데 있어 어떤 다른 방법이 있을 수 없다고 생각합니다. 그러나 그는 계속해서 지엽적인 문제로 빠져들면서 하나의 문제를 완전하게 설명하기 위해 멈추지 못하는바 이 점에서 많은 결함이 있다고 봅니다. 이는 그가 문제를 순서에 따라 검토하지 않았으며 자연의 일차적 원인들을 고려함 없이 어떤 특수한 결과들의 이유들만을 찾으려 했고, 그래서 아무런 토대 없이 집을 지었음을 말해줍니다. 그런데 그가 학문을 하는 방식은 참된 진리에 가까운 것이고, 그런 만큼 우리는 그의 오류들을 더욱 쉽게 알아볼 수 있습니다. 왜냐하면 아예 처음부터 바른 길로 들어서지 못한 사람이 방황할 때보다는 때로는 바른 길을 걷던 사람이 길을 잃을 때 훨씬 지적해주기 좋은 법이니까요.[10]

갈릴레오의 저서 『새로운 과학에 대한 대화』 (1638)가 출간되자마자 데카르트는 그 책을 읽고 상세한 논평을 달아 메르센 신부에게 보냈다. 책 전체의 주요 부분마다 페이지를 표시해가며 일일이 비판적 견해를 개진해가는 형식의 편지다. 위의 인용문은 이 편지의 시작 부분인데, 갈릴레오의 단점을 지적하는 글이지만 동시에 데카르트가 갈릴레오의 계승자임을 알 수 있는 대목이다. 데카르트는 분명 갈릴레오를 극복하고자 했고 갈릴레오보다 멀리 이르고자 했다. 갈릴레오의 수리자연학이 체계적이지 못했고 형이상학적 토대를 결여하고 있다는 것이 데카르트의 인식이었다. 그러나 데카르트는 오로지 갈릴레오가 걸었던 길을 따라서만 갈릴레오보다 멀리 이를 수 있었던 것처럼 보인다.

데카르트는 갈릴레오의 방식으로, 다시 말해서 그가 남긴 분석과 종합의 방법을 발전시켜 갈릴레

데카르트는 오직 갈릴레오가 걸었던 길만을 따라서 감으로써 갈릴레오보다 더 멀리 갈 수 있었다

오의 수리자연학을 완성하고자 했다. 그리고 이를 위해 수리자연학의 기획 전체를 떠받칠 형이상학적 원리들을 찾고자 했다. 갈릴레오가 기피했던 마지막 일반 원리를 찾아 그것을 토대로 중간 원리들 전체를 체계화하고자 한 것이다. 이런 과제는 수리자연학의 방법론적 규칙들을 확립하는 작업은 물론 사물 개념을 중심으로 초보적인 사고 범주들 일반을 다시 정의하는 형이상학적 탐구를 요구한다. 여기서 다시 강조해야 할 점은 이런 데카르트의 노력이 단순히 갈릴레오의 학문을 완성한다는 결과로만 그치지 않았다는 사실이다. 데카르트는 거기서 훨씬 더 나아가 17세기 이후 근대인이 세계를 표상하는 기본 도식을 생산하기에 이르렀다. 근대적 자연관 및 인간관의 기초를 이루는 그 세계 이해 도식은 수많은 도전과 비판의 대상이 되어왔음에도 불구하고 그것을 결정적으로 대체할 일반적인 도식은 아직 찾기 어려울 만큼 오늘날까지 강력한 영향을 미치고 있다.

3. 데카르트와 근대적 자연관의 탄생

자연이란 말은 아주 옛날부터 있어왔지만, 고대인이 생각하는 자연과 근대인이 생각하는 자연은 동일하지 않다. 동일한 말을 놓고 고대인과 근대인은 완전히 다른 것을 떠올리는 것이다. 이런 변화의 역사적 배경에는 무엇보다 17세기 과학혁명과 그것을 철학적으로 정당화한 데카르트적 기획이 자리한다. 그리고 그 변화의 내용은 고대 목적론적 자연관이 근대 기계론적 자연관으로 전환되었다는 말로 압축될 수 있다.

자연과 인공의 관계
이런 변화의 과정을 좀 더 구체적으로 설명하기

위해 먼저 고대 그리스인의 자연관으로 돌아가보자. 고대 그리스에서 자연은 어떻게 이해되고 있었는가? 이 문제에 접근하는 지름길은 아마 인공적인 것에 대한 고대인의 태도를 알아보는 데 있을 것이다. 한 시대의 진리관은 당대의 오류 관념과 맞물려 완결된 규정에 도달한다. 한 시대의 생명관은 당대의 죽음 관념과 맞물려 가장 생생히 드러난다. 마찬가지로 한 시대의 자연관은 그것과 짝을 이루는 당대의 인공 개념과 함께 놓고 볼 때 그 핵심을 드러낸다.

그렇다면 고대 그리스에서 자연적인 것과 인공적인 것은 어떤 점을 중심으로 상호 대립하는가? 그둘을 이항 대립의 관계로 만들어주는 핵심 요소는 정확히 운동의 성격에 있다. 즉 자연적 사물은 스스로 움직이는 반면, 인공적 사물은 외부의 강제력에 의해 움직인다. 자연적인 것은 그것이 동물이든 식물이든 자기 내부에 있는 힘(형상, 영혼)에 의해 자발적으로 움직이거나 변화해간다. 심지어 광물마저도 생성 변화의 원리를 자기 안에 지닌다는 것이 고대인의 믿음이었다. 반면 사람이 제작한 물건은 자기 안에 자발적인 운동이나 변화의 원리를 지니지

고대 그리스에서, 자연적 사물은 스스로 움직이지만 인공적 사물은 외부 강제력에 의해 움직인다

않는다. 외부의 강제력이 아니라면 인공적인 것은 결코 움직이지 않는다. 타성적이라는 것이 인공물의 본성이다.

고대 그리스에서 자연적 사물은 원형이나 인공적 사물은 자연의 모방(미메시스)이다

고대 그리스에서 자연과 인공의 관계를 집약하는 또 하나의 개념은 모방(미메시스)이다. 플라톤과 아리스토텔레스는 기예의 원천을 자연에 대한 모방으로 정의했다. 이런 모방 관계에서 자연적 사물은 원형에 해당하는 반면 인공적 사물은 그것의 모사에 불과하다. 이것은 원형인 자연적 사물이 모사에 불과한 인공적 사물에 비해 존재론적으로 우월하다는 것을 말한다. 자연적 사물은 존재론적으로 탁월한 어떤 것이자 생동하는 어떤 것이다. 스스로 움직이는 것, 자기 안에 자발적 운동의 원리를 지닌 것이기 때문이다. 반면 타성적이라는 것은 죽어 있다는 것과 같다. 외부의 강제력으로만 움직이는 인공물은 죽어 있는 것이며 존재론적으로 열등한 지위에 있다.

고대 그리스에서 자연은 경이감의 대상이자 인간적 지혜의 원천이었다. 문화 세계에 속하는 대부분의 지식과 기술은 자연이라는 거울을 들여다보면서 나온 결과였다. 그러나 17세기 이후 등장한 철학에

서는 더 이상 자연이 인간 세계를 비추는 거울이 아니다. 오히려 인간 세계가 자연을 비추는 거울이 된다. 가령 데카르트나 칸트에게서 자연이란 인간과 무관하게 그 자체로 존재하는 어떤 것이 아니다. 자연은 그것을 인식하는 주관 안에서, 인식의 선험적 조건에 부합하는 어떤 것으로 (재)발견되어야 한다. 인간 내면이 외부 세계의 비밀을 찾는 방이 된 것이다. 그러나 17세기 과학은 그 비밀을 인간 내면 이전에 인간 스스로 만들어놓은 기계에서 찾았다. 자연의 모사에 불과했던 기계에서 자연을 설명하는 모델을 본 것이다.

17세기 과학은 인간 스스로 만들어놓은 기계에서, 자연의 모사가 아니라 자연을 설명하는 모델을 보았다

아리스토텔레스와 자연의 운동

이런 기계론적 자연관이 확립되기 위해서는 복잡한 과정이 필요했다. 무엇보다 고대 목적론적 자연관이 붕괴되어야 했다. 고대 자연관은 아리스토텔레스에 의해, 특히 그의 4원인론에 의해 학문적으로 체계화되어 그 이후의 사상사에 지속적인 영향을 미쳤다. 그러므로 근대의 기계론적 자연관이 탄생하기 이전까지 중세 자연학을 지배했던 아리스토텔레스의 4원인론에 잠시 주목해보자. 아리스토텔레스 이론은 두 가지 도식에 기초한다. 그중 하나가 사물을 정의하는 질료 - 형상 도식이다. 그리고 다른 하나가 운동을 정의하는 잠재 - 현실 도식이다. 이런 두 가지 도식에 기초하여 아리스토텔레스는 운동의 원인을 네 가지로 설정한다. 질료인, 형상인, 작용인, 목적인이 그것이다.

아리스토텔레스는 운동의 원인을 네 가지로 설정한다 질료인, 형상인, 작용인, 목적인이 그것이다

이미 언급했던 것처럼 아리스토텔레스 전통에서 사물은 질료와 형상의 복합체로 정의된다. 운동은 잠재태에서 현실태로 가는 사물의 변화로 이해된다. 정확히 말해서 그것은 질료 안에 잠재된 가능성에서 가시적인 형상이 발생하는 과정이다. 이런 변화의 과정에는 네 가지 원인이 관여한다는 점을 아리스토텔레스는 건축의 비유를 끌어들여 설명한다.[11] 가령 집을 짓기 위해서는 먼저 설계도가 있어야 하고 그 다음 재료를 확보해야 한다. 설계도에 해당하는 것이 형상인이고 재료에 해당하는 것이 질료인이다. 집만이 아니라 모든 사물은 질료와 형상으로 이루어졌다. 그러므로 사물의 변화와 운동을 설명하기 위해서는 당연히 질료와 형상에서부터 그 원인을 구해야 한다.

하지만 설계도와 재료가 갖추어졌다고 해서 집이

69

되는 것이 아니다. 그 밖에 실질적으로 재료를 가공하면서 집을 만들어줄 노동자가 있어야 한다. 집을 짓는 데 필요한 노동력, 바로 이것에 해당하는 것이 작용인이다. 집이 완성되었을 때는 마지막으로 그것을 평가할 수 있어야 한다. 제대로 지어졌는지, 다른 집에 비해 좋은 집인지 아닌지를 평가해야 한다. 그리고 이런 평가를 위해서는 이미 설계에서 완성 단계까지 계속 개입하던 건축 의도를 알아야 한다. 집을 짓는 의도와 목적, 그것에 해당하는 것이 목적인이다. 그런데 이런 건축의 비유는 고대인의 운동 개념을 쉽게 전달하되 왜곡하는 측면이 있다. 존재론적으로 우월한 자연의 운동을 열등한 인공물을 모델로 설명한다는 것 자체부터 문제의 소지가 있다.

　무엇보다 지적해야 할 점은 살아 있는 자연의 변화를 죽어 있는 사물의 운동을 기준으로 풀어낸다는 사실이다. 이런 부조리는 특히 형상인 개념에 위험한 왜곡을 가져온다. 아리스토텔레스 전통에서 형상은 단순한 형태나 테두리가 아니다. 그것은 사물에 특유한 어떤 능동적인 힘의 원천이다. 고대인에게 자연적 사물이 생동하는 어떤 것이라면, 그 생동하는 힘의 뿌리가 바로 형상이다. 형상은 사물마다 특수한 성질들을 생산하고 그렇게 생산된 성질들을 하나로 통합하는 가운데 보존하는 힘의 거처다. 이런 형상을 집짓기에 필요한 설계도에 비유하면 어떻게 될 것인가? 당연히 역동적인 활력을 잃어버리고 정태적인 형태(figure)나 모양(shape)으로 전락한다. 형태나 모양이 죽어 있는 대상의 고정된 윤곽이라면, 형상(form)은 살아 있는 대상의 움직이는 정체성, 움직이는 경계다.

형태나 모양이 죽어 있는 대상의 고정된 윤곽이라면, 형상(form)은 살아 있는 대상의 움직이는 정체성, 움직이는 경계다

건축의 비유에서 잘 드러나지 않는 것은 또한 질료 개념이다. 물론 질료 개념은 중세 내내 논쟁의 주제가 되어왔고 특히 16세기 말 17세기 초에 이르러 애매모호한 상태에 빠지게 되었다. 가령 토마스 아퀴나스는 질료를 순수 잠재태 혹은 순수 결여태로 간주했다. 어떠한 본질이나 완전성도, 따라서 하등의 능동성도 거기서 찾을 수 없다는 것이다. 이런 관점에서 질료는 철저히 잠재적이고 수동적인 상태에 머물면서 형상을 받아들이는 것으로 간주된다. 반면 데카르트에게 많은 영향을 미쳤다고 평가되는 수아레즈는 질료가 불완전하되 순수 잠재적 상태나 철저한 수동적 상태에 있다고 보지 않았다. 형상을

받아들이는 위치에 있되 나름대로 형상의 수태와 분만에 간섭하는 능력이 있다는 것이다. 가령 질료는 단순한 형상(물, 불, 공기, 흙 같은 원소들의 형상)부터 먼저 받아들이고 복잡한 형상(식물, 동물의 형상)은 나중에 수용한다는 것이다.[12]

그러나 과거의 질료 개념에서 진정 애매한 것은 다른 데 있다. 그것은 형상에 대한 질료의 관계에 있다. 질료가 형상을 받아들인다는 것은 무엇을 의미하는가? 그것은 일단 외부에서 완결된 형상을 단순히 전달받는다는 것이 아니다. 오히려 고대인이 생각하는 운동과 변화는 질료가 스스로 형상을 분만한다는 것에 가깝다. 적어도 형상은 질료에 힘입어 현실적으로 존재할 수 있다는 점에서 이견은 없다. 그리고 이 점에서 형상은 질료에 의해 분만된다고 할 수 있다. 그러나 질료와 형상은 실재적으로 구별된다. 적어도 잠재적으로 형상은 질료에 존재론적으로 의존하지도 내재하지도 않는다. 그렇다면 질료에 의존하지도 내재하지도 않는 형상이 어떻게 질료에 의해 분만될 수 있는 것인가?

17세기 목적론 비판

토마스 아퀴나스처럼 질료를 철저히 잠재적이고 수동적인 결여태로 볼 때는 이런 물음에 답하기 더욱 어려워진다. 게다가 건축의 비유에 의존해서 자연의 운동을 설명하면 문제는 더욱 심각해진다. 마치 자연의 변화가 물품 제작의 과정처럼 이해되기 쉬워지기 때문이다. 장인은 수동적 상태에 있는 무형의 재료를 가져다 거기에 특정한 형태를 강제하여 물품을 만들어낸다. 건축의 비유는 이런 제품 생산을 모델로 자연의 변화를 이해하도록 유도한다. 그러나 고대인에게 자연의 변화는 무엇보다 질료 내부에서 형상이 발생하는 과정이다. 그리고 그런 내생적 발생의 원인이 작용인이다.

아리스토텔레스의 작용인은 형상을 스스로 창조하지도, 외부 형상을 질료에 강제하지도 않는다. 다만 질료에 내재하는 가능성에 특정 형상이 수태, 분만되도록 도울 뿐이다. 만든다는 것을 이렇게 돕는다는 관점에서 이해하는 것, 아마 이것이 고대 자연관이 남긴 가장 긍정적인 유산인지 모른다. 여기서는 이러저러한 모습으로 사물을 만든다는 것이 폭력의 강요와 거리가 멀다. 그것은 다만 그 안에 숨어 있는 잠재력을 기르고 보살핀다는 것에 가깝다. 이런 작용인 개념은 선(善)의 이념을 전제한다. 돕고 기른다는 것은 완전하게 한다는 것, 더 좋은 상태로 바꾼다는 것이다. 자연이 무엇을 만든다면, 이때 만든다는 것은 더 좋은 상태로 만든다는 것, 그래서 완전하게 만든다는 것이다. 이런 의미의 만들기가 자연의 운동이라면, 그 운동은 어떤 좋은 상태, '선'을 목적으로 나아가는 과정이다. 따라서 작용인은 필연적으로 목적인을 전제한다.

아리스토텔레스의 자연에는 운동이 일어나는 어디에나 목적이 있다. 목적인은 자연의 모든 운동을 유발하고 관장하는 최고의 원인이다. 하지만 17세기 과학자와 철학자들은 한 목소리로 목적론을 비판했다. 그만큼 목적인이 고대 자연관의 핵심임을 반증하는 사례다. 가령 베이컨은 목적론을 인간의 행동과 그 의도에 비추어 자연의 운동을 설명하려는 의인관(擬人觀)의 산물로 보았다. 비인격적인 현상을 인격적인 현상으로 간주한다는 것이다. 갈릴레오는 목적론이 내세우는 일반 원리 대신 세부 인과관계를 밝히는 중간 원리가 과학적 탐구의 대상이 되어야 한다고 보았다.

아리스토텔레스의 자연에는 운동이 일어나는 어디에나 목적이 있다. 목적인은 자연의 모든 운동을 유발하고 관장하는 최고의 원인이다. 하지만 17세기 과학자와 철학자들은 한 목소리로 목적론을 비판했다 데카르트는 자연의 목적을 밝힌다는 것은, 유한한 인간이 신의 섭리를 알 수 있다고 자처하는 것과 같은 '신성모독'이라고 보았다

데카르트는 자연의 목적을 밝힌다는 것은 창조주의 의도를 밝힌다는 것인데, 이는 인간 이성을 한없이 초월하는 신의 무한성에 비추어 어불성설(語不成說)이라 했다. 유한한 인간이 무한한 신의 섭리를 알 수 있다고 자처하는 것은 신의 창조에 동참하겠다는 것과 다름없는 일종의 신성모독이라는 것이다. 스피노자는 목적론이 전제하는 선악 개념을 문제 삼았다. 선악은 인간의 본성에 일치하거나 일치하지 않는 성질에 대한 이름인데, 목적론은 그런 인간중심적인 개념을 자연에 투사하여 외부의 변화를 설명하려는 근본 오류라는 것이다. 사실 17세기 과학자와 철학자들에게 목적론은 학문의 발전을 가로막는 근본 오류다. 그것은 다른 종류의 오류들이 모두 유래하는 원천이라는 점에서 근본 오류에 해당한다. 이는 목적론이 그만큼 전근대 자연관에서 차지하는 비중이 크다는 것을 암시할 뿐만 아니라 그만큼 해체하기도 어렵다는 것을 말한다.[13]

17세기 과학자와 철학자들에게 목적론은 학문의 발전을 가로막는 근본 오류다

목적론은 기독교의 인격신 개념과 아리스토텔레스의 자연학을 이어주는 가장 중요한 연결 고리였다

사실 목적론은 기독교의 인격신 개념과 아리스토텔레스 자연학을 튼튼히 이어주는 가장 중요한 연결 고리다. 기독교에 따르면 신은 어떤 의도와 목적으로 이 세계를 창조했고 세계의 운행에는 신의 섭

75

리가 작용한다. 이런 기독교적 세계관을 설명하는 데는 목적론이 적격이 아닐 수 없다. 목적론을 깨는 데 많은 과학자와 철학자들이 동참했지만, 이 연결 고리를 생각할 때는 데카르트의 기여가 가장 돋보인다. 왜냐하면 신을 무한성 위주로 다시 개념화하여 목적론적 관점을 훨씬 넘어서는 차원에 두는 전략을 취했기 때문이다. 데카르트는 한편으로는 이런 전략을 통해 기독교와 아리스토텔레스 자연학을 묶던 오래된 연결 고리를 풀어내면서 다른 한편으로는 기독교와 수리자연학을 묶는 새로운 연결 고리를 만들었다. 그 연결 고리는 데카르트 스스로 제시하는 새로운 정신 개념에 있다.

데카르트의 연장 개념

이 점을 자세히 살피기 전에 우선 그것과 짝을 이루는 데카르트의 물질 개념에 주목해보자. 아리스토텔레스는 4원인이 가리키는 네 가지 관점에서 자연을 설명할 때야 비로소 완결된 학문적 인식에 도달한다고 보았다. 반면 17세기의 과학은 작용인이라는 하나의 원인만을 통해 자연을 설명해야 한다고 봤다.

이런 차이는 주로 물질 개념의 변화에서 온다. 그리고 이런 물질 개념의 변화는 수학이 자연학의 표준 언어로 자리하면서 초래된 결과다. 이미 언급했던 것처럼 17세기 수리자연학은 수학적으로 측정 가능한 것만을 이론적으로 유효한 성질로 인정했다. 이론적 설명 가능성을 수학적 측정 가능성으로 제한한 것이다. 이런 제한은 물질 개념에 대한 대폭적인 수정을 요구했는바 그런 요구에 정확히 부응한 것이 데카르트의 형이상학이다. 여기에서 물질은 연장(extension)으로 정의된다. 이때 연장이란 특정한 공간을 점하는 능력을 가리킨다. 데카르트는 이렇게 말한다.

'연장'이란 말로 우리는 길이, 넓이, 깊이를 지니는 모든 것을 의미하는바 그것이 실재하는 물체인지 아니면 단순히 공간에 불과한지 하는 것은 여기서 문제가 되지 않는다. 나는 이 기초 개념이 더 이상의 해명을 필요로 한다고 생각하지 않는다. 왜냐하면 우리의 상상력에 의해 그보다 더 쉽게 지각되는 것은 아무것도 없기 때문이다.(『규칙 14』, 10:442)

우리가 물체 일반 혹은 물질 일반에 대해 갖는 관념
은 우리가 공간에 대해 갖는 관념 속에 포함되어 있
다. 즉 그것은 길이, 넓이, 깊이를 지닌 사물이라는
뜻에서 공간 개념 속에 포함되어 있는데, 이는 마치
산의 관념이 계곡의 관념에 포함되어 있는 것과 같
다.(「메르센에게」 1639년 1월 9일, 2:482)

공간 또는 내면은 그 공간에 포함된 물체와 구별
되지 않는다. 구별된다면 오로지 우리 생각에 의해
서만 구별될 수 있을 뿐이다.(『철학원리』 II부 10항,
9-2:68)

이런 정의에서 눈에 띄는 것은 물질이 공간 개념
으로 흡수, 환원된다는 점이다. 즉 물질은 그것이
자리하는 공간과 실재적으로 구별되지 않는다. 구
별된다면 오로지 추상적인 차원에서, 인간의 생각
속에서만 구별된다. 물질은 그 자체가 공간적인 어
떤 것이고 공간은 그 자체가 물질적인 것이다. 따
라서 물질 없는 공간이나 공간 없는 물질은 생각할
수 없다. 물질이 공간이고 공간이 물질이다. 데카르
트는 이렇게 공간과 구별되지 않는 물질 혹은 물질

**물질은 그 자체
가 공간적인 어
떤 것이고 공간
은 그 자체가
물질적인 것이
다. 데카르트는
공간과 구별되
지 않는 물질,
혹은 물질과 구
별되지 않는 공
간을 '연장'이
라 불렀다**

과 구별되지 않는 공간을 연장이라 했다. 그런데 이렇게 물질과 공간을 완전히 동일시하는 정의는 단순히 갈릴레오에 의해 시작된 수리자연학의 인식론적 요구에 부응하는 것으로 그치는 것이 아니다. 그것은 수리자연학을 단순히 정당화하는 정의라기보다는 수리자연학 자체를 변형하는 새로운 기획에서 오는 정의다.

수리자연학에서 보편수리학으로

수리자연학을 변형 심화하는 기획, 그것을 가리키기 위해 데카르트는 새로운 이름을 짓기보다는 옛날부터 전해오는 '보편수리학(mathesis universalis)'이란 이름을 차용했다.(『규칙 4』, 10:378)[14] 그렇다면 데카르트적 의미의 보편수리학이란 무엇인가? 그것은 합리적 인식의 총체적 체계화 가능성을 의미하는 말이다. 이를 설명하기 위해 먼저 수학에 대한 데카르트의 태도부터 점검해보자. 데카르트는 학생 시절부터 기존의 학문 세계에서 "오로지 수학자만이 논증적인 지식을, 다시 말해서 확실하고 명증한 근거를 발견할 수 있었다"고 평가했다. 따라서 "왜 사람들이 수학을 기초로 견

고한 학문을 구축하지 않았는지 의아해 했다."(『방법서설』 2부, 6:19) 피타고라스 - 플라톤 전통을 계승하는 이런 관점에는 이미 수학이 학문 일반의 기초이자 모델이라는 생각이 들어 있다.

그러나 중요한 것은 다음 단계로의 이행이다. 데카르트는 "대수와 기하학 같은 특수한 연구에서 수학 일반에 대한 탐구로"(『규칙 4』, 10:377) 이행코자 했다. "대수와 기하학에 더하여 천문학, 음악, 광학, 기계학 그리고 그 밖의 많은 학문들이 다 같이 수학의 일부라 불리는 이유"(같은 곳)로, 다시 말해서 수학 일반의 기원으로 소급코자 한 것이다. 이것은 각각의 특수한 수학적 인식에 공통적으로 내재하는 어떤 순수하고 보편적인 요소를 찾는다는 것과 같다. 그런데 그 순수하고 보편적인 마테시스(mathesis)가 수학적 인식 일반의 원천으로 그치는 것이 아니다. 그것은 수학적 인식 일반의 범위를 넘어 학문적 인식 일반, 합리적 인식 일반의 원천으로 간주된다. 데카르트의 보편수리학은 수학을 넘어서는 수학, 수학을 넘어 학문 일반의 뿌리인 인간 이성 자체의 뿌리로 가는 학문이다.

이 학문은 실제적으로 인간 이성의 최초 씨앗을 담아야만 하고 주제가 무엇이 되었든 그것의 진리가 결실을 맺도록 해야만 한다. 그리고 솔직히 말해서 나는 이 학문이 인간적인 수단을 통해 우리가 얻을 수 있는 모든 다른 지식에 앞서 먼저 선택되어야 한다고 확신한다. 왜냐하면 그것이 모든 다른 지식의 원천이기 때문이다.(『규칙 4』, 10:374)

여기서 단순히 그 ['마테시스'라는] 말의 어원을 검토하는 것으로는 충분치 않다. 왜냐하면 '마테시스'라는 말이 의미하는 것은 '지식'이라는 것 이외에는 아무것도 아니기 때문이다. 그리고 이 용어는 기하학 자체에만 한정할 필요 없이 모든 분야의 학문은 똑같이 수학적이라 불릴 수 있을 것이다.(『규칙 4』, 10:377)

데카르트의 보편수리학은 단지 모든 학문적 지식의 수학화로 그치는 것이 아니라 인간 이성 자체의 수학화를 의미한다

이런 문장들이 가리키는 것처럼 데카르트의 보편수리학은 단지 모든 학문적 지식의 수학화로 그치는 것이 아니다. 그것은 인간 이성 자체의 수학화를 의미한다. 모든 학문의 수학화를 의미하는 한에서 보편수리학은 학문적 대상 일반의 새로운 정의와 함께 간다. 데카르트는 학문의 보편적 대상으로 비례와 연결 혹은 순서(ordo)와 한도(mensura, 측정 가능한 크기)를 든다. 이성의 수학화를 의미하는 한에서 보편수리학은 지식의 무한한 연쇄와 체계적 통일의 가능성을 함축한다. 데카르트는 이렇게 말한다.

보편수리학은 지식의 무한한 연쇄와 체계적 통일의 가능성을 함축한다

> 기하학자들이 늘 사용하는 아주 단순하고 쉬운 그 추리의 긴 연쇄는 (…) 인간이 알 수 있는 모든 것은 이와 똑같은 모양으로 서로 연결되어 있어서, 어떤 것을 다른 어떤 것에서 연역할 때 언제나 올바른 순서를 지키기만 한다면, 아무리 멀다 해도 마침내 도달하지 못할 것이 없고 아무리 숨겨져 있다 해도 찾아낼 수 없는 것이 없다는 것을 상상할 기회를 주었다. (…) 그리고 수학이라 불리는 학문들의 대상이 서로 다르기는 해도 그 대상들에서 발견되는 갖가지 관계나 비례 이외의 다른 아무것도 고찰하지 않는다는 점에서는 모두 일치하고 있음을 보고서 나는 이 비례 일반만을 검토하며 나중에 그것들에 어울리는 다른 모든 대상들에 더욱 잘 적용될 수 있도록 하는 것이 좋겠다고 생각했다. 그리고 그 비례들의 하나

하나를 더욱 잘 고찰하기 위해서는 그것들을 선(線)으로 상상하여야만 한다고 생각했다.(『방법서설』 2부, 6:19~20)

데카르트가 물질을 연장으로 정의하는 배후에는 이런 보편수리학의 이념이 자리한다. 보편수리학의 관점에서 물질은 공간과 동일시되고 공간은 다시 수학적 공간, 다시 말해서 기하학적 공간과 동일시된다. 데카르트가 가리키는 연장은 기하학적 대상이되 이 기하학적 대상은 다시 자연학적 대상인 물질 자체다. 그러므로 만년의 데카르트는『뷔르망과의 대화』에서 분명한 어조로 이렇게 말했다. "마테시스의 대상은 자연학의 대상 못지않게 참되고 실재적인 존재며 참되고 실재적인 본성을 지녔다."(5:160) 이것은 40대 초의 데카르트가 메르센에게 했던 "나의 자연학은 기하학에 불과하다"(1638년 7월 27일 편지, 2:268)는 말의 반복이다. 수리자연학의 기획에서 수학과 자연학, 기하학과 자연학은 구별되지 않는다. 마찬가지로 기하학적 대상과 물리학적 대상은 하나로 통합된다.

고대인에게 자연은 자기 안에 자발적인 운동의 원리(힘)를 지니고 있는 어떤 것이었다. 스스로 움직이는 것이 자연적 사물의 일차적 특성이었다. 굳이 말하자면 고대의 사물은 생물학적 대상이었다. 그러나 갈릴레오에 의해 본격화된 수리자연학의 기획에서, 나아가 그것을 과격화하는 데카르트의 보편수리학에서 자연적 사물은 기하학적 대상으로 탈바꿈된다. 그리고 그 기하학적 대상이 '참되고 실재적인' 물리학적 대상 자체로 정의된다. 생물학적 대상에 가까웠던 사물이 기하학적 대상으로 전도된다는 것, 바로 이것이 17세기 과학혁명과 더불어 일어나는 존재론적 전환의 핵심이다. 데카르트에서 완성되는 이런 존재론적 전환은 서양 사상사에서 일어난 어떠한 변동보다 커다란 지각 변동이라 할 수 있다. 갈릴레오의 수리자연학에서 시작된 과학혁명이 데카르트의 보편수리학에 이르러 존재론적 혁명으로 발전하게 되었다.

고대의 사물은 생물학적 대상이었지만 근대 데카르트의 보편수리학에서 자연적 사물은 기하학적 대상으로 탈바꿈된다. 그리고 그 기하학적 대상이 '참되고 실재적인' 물리학적 대상이 된다

과학혁명에서 존재론적 혁명으로

고대인의 사물 개념을 중심에 놓고 볼 때, 이런 존재론적 혁명은 일종의 빈곤화 과정이라 할 수 있

다. 연장으로 정의된 새로운 물체에는 과거 사물이 향유했던 수많은 속성들이 모두 사라지기 때문이다. 사물은 공간성이라는 최소의 규정을 남기고 그 외의 풍부했던 규정성들을 모두 상실하게 된 것이다. 우리는 데카르트가 제시한 사물 개념 속에서 상실된 그 규정성들을 대략 여섯 가지 정도 꼽을 수 있다. 질, 운동, 종차(소속), 위계, 목적(의미), 영혼(내면성)이 그것이다. 워낙 중요한 주제이므로 이 상실의 국면 하나하나에 초점을 맞추어보자.

질의 상실

고대의 자연관에서, 그리고 아리스토텔레스 전통의 과학에 대하여 사물은 질을 통해 자기를 드러냈다. 가벼움과 무거움, 차가움과 뜨거움 같은 성질이 사물의 본성을 이루는 실질적 요소였다. 고대 과학은 양의 학문이라기보다 질의 학문이었다. 그러나 17세기 수리자연학에서, 나아가 데카르트의 보편수리학에서 감각적 질은 수학적 언어로 해독할 수 없는 것이고, 따라서 무의미한 것으로 배제된다. 다섯 가지 감각과 관련된 성질들(색, 소리, 맛, 냄새, 촉감)은 객관적인 성질이 아니라 오로지 신체 때문에 일

데카르트의 보편수리학에서 감각적 질은 수학적 언어로 해독할 수 없는 것이고, 따라서 무의미한 것으로 배제된다 객관적인 것은 양적으로 측정 가능한 성질들, 가령 형태, 크기, 운동 같은 성질들뿐이다

어나는 주관적 가상이다. 객관적인 것은 양적으로 측정 가능한 성질들, 가령 형태, 크기, 운동 같은 성질들뿐이다.

운동의 상실

고대의 사물이 생물학적 대상에 가까웠다면, 이는 그것이 자발적 운동의 주체였기 때문이다. 고대인에게 자연적 사물과 운동은 분리할 수 없는 일체를 이룬다. 그러나 수리자연학의 기획 이후 물리학적 대상이 연장으로 정의되는 기하학적 대상이라면, 기하학적 대상은 더 이상 자발적 운동의 주체가 아니다. 기하학적 대상은 전적인 타성을 자신의 본성으로 한다. 변화하고 움직이되 자발적으로 움직이는 것이 아니라 외부의 강제력에 의해, 기계적 법칙에 따라 움직인다. 운동을 받아들이고 실행하는 한에서 물리학적 대상은 기하학적 대상인 동시에 기계적 대상이다. 데카르트의 자연철학에서는 식물과 동물 같은 생명체 역시 정교한 기계에 불과하다.

운동을 받아들이고 실행하는 한에서 물리학적 대상은 기하학적 대상인 동시에 기계적 대상이다. 데카르트의 자연철학에서는 식물과 동물 같은 생명체 역시 정교한 기계에 불과하다

영혼의 상실

고대인에게 자연적 사물이 자기 안에 자발적 운동의 원리를 가지고 있는 어떤 것이라면, 그 자발적 원리는 종종 영혼이라 불렸다. 그러므로 아리스토텔레스 자연철학에서 식물의 운동(영양 섭취, 성장)을 관장하는 원리는 식물영혼으로, 동물의 운동(감각, 장소 이동)을 관장하는 원리는 동물영혼으로 불렸다. 고대 세계에서는 식물이 자라나고 동물이 뛰어노는 모든 곳에는 영혼이 숨 쉬고 있었다. 그러나 데카르트가 '사물은 연장이다!'라고 외치자마자 천지에 널려 있던 영혼은 어디론가 모두 사라져버렸다. 사물의 내면에 살아 있던 수많은 영혼이 모두 증발하고 타성에 빠진 순수물질만이 남게 되었다. 거대한 사막화가 일어난 것인데, 우리는 이 사막화의 사건을 '순수물질의 탄생'이라 명명할 수 있다. 왜냐하면 데카르트의 외침 이후 자연의 사물에는 1밀리그램의 영혼도 남아 있지 않게 되었기 때문이다.

소속의 상실

아리스토텔레스 전통에서 사물은 언제나 소속이 있었다. 일정한 종(種)이나 유(類)로서 분류되었는

데, 그런 분류 범주가 개개의 사물에게는 평생 떠나지 않는 소속의 장소였다. 그 소속의 장소는 개체인 사물에게 외부나 내부의 변덕에 함몰함 없이 평생 변하지 않는 존재론적 안정성을 누릴 수 있도록 보장해주던 울타리와 같았다. 사물마다 지닌 종차(種差)라는 이름의 본질적 정체성도 그런 존재론적 소속 때문에 얻는 자격이었다. 종류라는 소속 단위는 개체의 삶을 일정한 테두리 안에 보호하는 어떤 막이자 가죽이었다. 그러나 데카르트가 '사물은 연장이다!'라고 외치자마자 자연을 수놓던 수많은 종과 유들이, 그것들을 구별해주던 무수한 종차들이 단번에 사라졌다. 모든 사물은 연장이라는 단일한 범주에 헤쳐 모여야 했다. 이것은 개체의 존재론적 정체성을 지속적으로 담보해주던 소속의 장소가 사라졌다는 것과 같다.

데카르트가 '사물은 연장이다!'라고 외치자마자 자연을 수놓던 수많은 종과 유들이, 그것들을 구별해주던 무수한 종차들이 단번에 사라졌다

위계의 상실

소속의 장소나 범주가 사라졌다는 것은 다시 신분적 위계나 계급이 사라졌다는 것과 같다. 아리스토텔레스 전통에서 자연을 구성하는 종과 유들은 수직적 위계 구조를 이루고 있었기 때문이다. 고

대인에게 상하귀천은 사회의 영역만이 아니라 이미 자연의 영역부터 지배하고 있던 존재론적 질서였다. 모든 종차가 사라지고 모든 개체가 연장이라는 단일한 범주로 환원됨에 따라 수천 년 동안 자연과 역사를 조직하던 수직적 구도의 존재론적 질서가 무너져 내렸다. 각각의 사물에 차별적으로 할당되어 있던 존재론적 신분이 사라져버린 것이다. 그것은 사물의 머리마다 붙어 있던 계급장이 모두 떨어지는 사건이다. '사물은 연장이다!'라는 데카르트의 외침은 우주 자연 전체의 존재론적 등고선을 지우는 '폭설주의보' 혹은 '백색의 계엄령'(최승호)이다. 우리는 그것을 수직적 구도의 자연 질서가 수평적 구도의 질서로 바뀌는 사건, 존재론적 평등화의 사건으로 부를 수 있다. 18세기 말의 프랑스혁명과 그것으로 상징되는 사회적 평등화는 17세기에 일어난 이런 존재론적 평등화를 먼저 전제해야 했다.

> '사물은 연장이다!'라는 데카르트의 외침은 우주 자연 전체의 존재론적 등고선을 지우는 '폭설 주의보' 혹은 '백색의 계엄령'(최승호)이다. 우리는 그것을 수직적 구도의 자연 질서가 수평적 구도의 질서로 바뀌는 사건, 존재론적 평등화의 사건으로 부를 수 있다

목적의 상실

고대 세계의 사물은 특정 종류의 범주에 속해 있되 상위 범주를 향해 봉사하는 위치에 있었다. 상위 범주의 사물은 하위 범주의 사물에 대해 존재 이유

이자 목적을 제공했다. 그런 상위의 범주에 대한 열망과 복종이 개별 사물의 운명이자 삶의 의미 자체였다. 그러나 자연의 수학화가 초래한 존재론적 평등화와 더불어 상향적 열망의 대상인 목적도 사라졌다. 목적이 성립할 존재론적 구도 자체가 깨진 것이다. 이런 파산은 의미에 대한 물음 자체를 무의미하게 만드는 사건이었다. 데카르트의 연장은 천상과 지상, 생물과 무생물을 가르던 경계마저 넘는, 나아가 모든 종차를 뛰어넘는 거대하고 단일한 범주다. 그 안에서 개체가 지닌 모든 내면적 특성과 정체성, 나아가 상하귀천은 무의미하고 단순한 요소들이 기계적 법칙에 따라 모여 이루어진 임시적 구성물에 불과하다. 그 임시적 구성물은 인간의 삶에 대해 어떠한 것도 말해주거나 가르쳐주지 않는다. 그 자체가 이미 내재적 의미나 방향을 완전히 결여하고 있기 때문이다. 17세기 과학혁명 속에서 자연이 겪게 된 목적의 상실은 목소리의 상실이자 거대한 침묵의 도래와 같다.

4. 데카르트와 근대적 정신 개념의 탄생

데카르트는 수리자연학을 과격화하는 보편수리학에 만족하지 않았다. 보편수리학을 넘어 그것의 형이상학적 기초를 탐구하는 데까지 나아가면서 수리자연학과 기독교를 화해시키고자 했다. 데카르트의 보편수리학은 물질 개념의 혁신을 가져왔고, 이것이 근대적 자연관이 형성되는 출발점이다. 반면 그의 형이상학은 사유 개념의 혁신으로 이어져 근대적 영혼관이 태어나는 모태가 되었다.

고대인의 영혼
고대인에게 영혼은 인간만이 배타적으로 소유하는 어떤 것이 아니었다. 영혼은 인간 내면에 있기 전에 먼저 외부 자연에 내재했다. 이때 자연이란 살아 있는 자연이자 스스로 움직이는 자연이다. 영혼은 그런 살아 움직이는 자연의 역동성을 집약하는 용어였다. 그런 의미에서 영혼은 자연(physis) 개념을 구성하는 필수 불가결한 요소였다. 자연을 숨 쉬게 만드는 생명의 원리이자 자발적 운동의 원리가 영혼이었던 것이다.

자연이란 살아 있는 자연이자 스스로 움직이는 자연이다 영혼은 그런 살아 움직이는 자연의 역동성을 집약하는 용어였다

이런 고대인의 영혼관을 이론적으로 체계화한 아리스토텔레스 철학에서 영혼 - 신체 관계는 형상 - 질료 도식에 따라 정의된다. 자연적 사물이 형상과 질료의 복합체인 것과 마찬가지로 살아 있는 사물(생명체)은 영혼과 신체의 복합체라는 것이며, 그래서 영혼 신체 관계는 형상 - 질료 관계와 동일하다는 것이다. 이것은 영혼이 신체의 활력적 힘의 원천이자 그것에 특정한 구조를 부여하고 조직하는 원리라는 것과 같다. 즉 영혼은 생명체의 작동 원리이자 기능에 해당하는 어떤 것이다. 그런데 생명체로는 크게 보아 식물, 동물, 그리고 인간이 있다. 아리스토텔레스 전통에서 이 세 가지 유형은 신체적 질료가 조직화되는 세 가지 연속적이되 위계적인 수준을 가리킨다. 그리고 그런 조직화의 세 수준에

조직화의 세
수준에 각각
서로 다른 영
혼이 할당된다
식물영혼, 동물
영혼, 지성이
그것이다

각각 서로 다른 영혼이 할당된다. 식물영혼, 동물영혼, 지성이 그것이다.[15]

식물영혼은 식물이 지닌 영양 섭취와 성장의 능력을, 동물영혼은 동물이 지닌 감각 지각과 장소 이동 능력을 가리킨다. 신체적 질료는 연속적이고 위계적으로 조직되므로 동물은 식물영혼과 동물영혼을 동시에 소유한다. 식물처럼 신진대사를 하면서 식물과는 달리 장소를 이동하고 주변 사물을 감각적으로 지각하는 것이다. 생물계의 정점에 있는 인간은 하위에 있는 영혼들 이외에도 추상적인 사고 능력인 정신(지성)을 소유한다. 신진대사, 장소 이동, 감각 지각 능력을 지니면서 초감성적인 대상을 생각하는 능력을 지니는 것이다. 그러므로 아리스토텔레스 전통에서 영혼은 단일한 것이 아니라 복수적이다. 그리고 영혼은 인간 내면 못지않게 외부 자연에도 존재한다. 그러나 데카르트 이후 근대인에게 영혼은 한 가지로 축소될 뿐만 아니라 오로지 인간 내면에만 존재하는 어떤 것이 된다.

데카르트 이후
근대인에게 영
혼은 한 가지로
축소될 뿐만 아
니라 오로지 인
간 내면에만 존
재하는 어떤 것
이 된다

기계론과 자연 내 영혼의 증발

이런 영혼의 단일화 및 내면화를 유도한 일차적

요인은 기계론적 자연관이다. 기계론에 따르면 인간 신체를 포함한 자연 내 모든 사물은 기계적 법칙에 따라 조직되고 기능한다. 이런 생각을 받아들이자마자 생명체의 온갖 기능을 설명하던 식물영혼이나 동물영혼은 불필요한 범주로 전락할 수밖에 없다. 아리스토텔레스 전통에서 천상계는 불멸의 세계요 거기서 일어나는 운동은 완벽한 원환을 이룬다. 반면 지상계는 소멸의 세계요 거기서 일어나는 운동은 네 가지 원인(형상인, 질료인, 작용인, 목적인)에 따른다. 그러나 갈릴레오의 수리자연학에서 천상계의 물체는 지상계의 물체와 동일한 법칙에 따라 움직인다. 그리고 그 운동 법칙은 작용인에 의거한 기계적 법칙임에 불과하다.

데카르트는 여기서 한 걸음 더 나아갔다. 식물과 동물, 나아가 인간의 신체에서 일어나는 운동까지 철저히 기계적 법칙을 따른다고 간주했다. 천상계와 지상계의 경계는 물론 물체와 생체, 죽어 있는 것과 살아 있는 것의 경계가 없다는 것이다. 따라서 생명에 고유한 특성이란 것을 찾는 것은 이제 무의미한 일이 된다. 가령 살아 있는 것만이 죽을 수 있는 것이라면, 데카르트는 죽은 신체를 고장난 시계에 비교했다. 하나의 생명체가 죽는다는 것은 태엽이 망가져 시계가 멈추는 것처럼 신체 기관에 손상이 와서 기계적 작동을 멈추는 것에 불과하다는 것이다. 동물에서 볼 수 있다고 간주되는 심리적 불안이나 동요도 마찬가지다. 가령 늑대와 마주친 양이 기겁을 하고 도망치는 행태를 설명하기 위해 어떤 심리적 과정이나 영혼을 전제할 필요가 없다. 그것은 늑대의 눈에서 발산되는 미세 물질이 양의 신경체계에 일으킨 혼란이고, 그런 혼란이 발생하는 과정은 모두 기계적 법칙에 의해 일어난다는 것이다.

기계를 모델로 자연을 설명코자 하는 기획에서 가장 먼저 폐기되어야 했던 것은 목적론적 관점이다. 우리는 이것을 갈릴레오에게서 볼 수 있다. 기계론적 자연관이 일반화되면서는 자연에 그토록 번성하던 영혼들이 더 이상 생존할 수 없게 되었다. 우리는 이것을 데카르트에게서 볼 수 있다. 기계론은 자연에 내재하면서 사물에 활력을 불어넣던 영혼을 모조리 추방했다. 그 결과는 자연의 사막화다. 앞에서 언급했지만, 자연은 이제 의미, 생명, 자발성, 내면성을 모두 잃어버린 타성적인 물질의 영역에 불과하다. 우리는 그것을 '순수물질의 탄생'이라 부를 수 있다. 그러나 기계론은 물질 개념의 순화만을 가져온 것이 아니다. 기계론은 또한 정신적인 것을 오로지 인간 내면으로 수렴시키면서 영혼 개념의 순화를 가져왔다. 근대적 세계관은 기계론이 유도한 이런 이중적 순화 과정에 기원을 둔다. 즉 기계론에 의해 순화된 물질 개념이 근대적 물리 개념의 초석이라면, 기계론에 의해 순화된 영혼 개념은 근대적 심리 개념의 기초를 이룬다.

기계론에 의해 순화된 물질 개념이 근대적 물리 개념의 초석이라면, 기계론에 의해 순화된 영혼 개념은 근대적 심리 개념의 기초를 이룬다

자동기계와 인간

기계론과 더불어 근대적 영혼 개념이 태어나는 결정적인 장면은 데카르트의 『방법서설』 5부에서 찾을 수 있다. 여기서 데카르트는 기계론적 설명의 무한한 가능성을 피력하기에 앞서 기계론 자체의 근본적 한계를 설파하는데, 논변의 출발점으로 가정된 것이 '말하는 기계'의 가능성이다(6:56). 이것은 우리 시대에 비약적으로 발전하고 있는 인공지능과 유사한 기계라는 점에서 더욱 주목을 끄는 사례다. 인간은 말하는 기계를 만들 수 있는가? 만들 수 있다면 어느 수준까지 가능한가? 인간처럼 자유롭게 말하는 기계도 얼마든지 생각할 수 있는가?

인공지능이 '튜링 테스트'를 통과한 지 벌써 오래된 지금 이런 질문은 우문으로 들린다. SF 소설이나 영화에서는 인간과 똑같이 말하는 인공지능이 너무 흔하고 진부한 장면이기까지 하다. 그러나 테크놀로지 시대를 철학적으로 정초했을 뿐 그 시대를 직접 경험하지 못했던 17세기의 철학자에게 이런 질문은 대단히 무겁고 중요한 문제였다. 데카르트는 말하는 기계는 얼마든지 상상할 수 있으나 인간처럼 말하는 기계는 상상할 수 없다고 단언했다. 앵무새를 아무리 잘 훈련시켜도 무한정 자유롭게 말하는 능력을 심어주기는 어렵다. 이와 마찬가지로 아무리 정교하게 제작된 자동기계라 해도 인간처럼 '삶의 모든 우연한 상황'(6:57)에 정확하게 대응하는 언어 능력을 갖추기는 불가능하다는 것이다. 이런 데카르트의 추론에서 자유로운 언어 행위는 오로지 인간만이 이성 능력을 지닌다는 것을 말해주는 결정적인 징표에 해당한다.

데카르트에게 자동기계와 언어 사이에 있는 간극은 자연(물질)과 정신 사이의 간극과 같다. 그리고 그 간극은 결국 유한과 무한의 차이로 집약된다. 즉 무한한 변화에 적응하고 제어하는 능력은 정신의

데카르트의 추론에서 자유로운 언어 행위는 오로지 인간만이 이성 능력을 지닌다는 것을 말해주는 결정적인 징표에 해당한다

핵심을 이루는 이성만이 배타적으로 소유하는 속성이다. 이것은 기계론적 설명의 근본적 한계를 뒷받침하는 사례가 된다. 식물영혼이나 동물영혼의 기능들은 모두 기계론적 설명으로 환원될 수 있지만, 언어의 자유로운 사용으로 드러나는 이성 능력과 그것을 핵심으로 하는 인간 정신은 결코 기계론적 설명으로 환원될 수 없음을 말해준다는 것이다.[16] 이런 논변을 통해 데카르트가 확인코자 했던 것은 정신-물질 이원론, 혹은 심신 이원론이다. 이 세계는 서로 환원 불가능한 두 실체, 다시 말해서 정신적 실체와 물질적 신체로 이루어졌다는 자신의 형이상학적 관점을 논증코자 한 것이다.

식물영혼이나 동물영혼의 기능들은 모두 기계론적 설명으로 환원될 수 있다

데카르트 이원론의 역사적 의미

사실 데카르트의 형이상학적 성찰이 의도하는 핵심 과제는 실체 이원론을 확립하는 데 있다. 이 점은 그의 주저 『성찰』의 원래 제목 속에 압축적으로 표현되고 있다. 그 제목은 다음과 같다. "제1철학에 관한 성찰: 신의 현존, 그리고 인간 영혼과 신체의 실재적 구별에 대한 논증." 여기서 '신의 현존'은 기독교 교리의 핵심에 해당한다. 이 표현은 새로

데카르트의 형이상학적 성찰이 의도하는 핵심 과제는 실체 이원론을 확립하는 데 있다

운 과학이 기독교에 반한다기보다는 기독교 친화적임을 암시한다. 특히 스콜라철학이 숭배하는 아리스토텔레스 과학보다 훨씬 더 기독교 교리와 일치함을 말하고자 하는 것이다.

그렇다면 기독교와 새로운 과학 사이의 일치점은 어디에 있는가? 그것은 무엇보다 영혼 개념에서 찾을 수 있다. 근대 과학은 어떠한 물질적 요소도 포함하지 않는 순수영혼 개념을 전제하고, 따라서 기독교의 교리를 강화하는 위치에 있다. 물론 플라톤이나 토마스 아퀴나스의 철학도 신체적 기능(감각, 상상력)과 분리된 순수정신의 존재를 옹호해왔다. 그러나 데카르트의 독창성은 순수정신을 재차 발견했다는 데 있는 것이 아니라 정신과 물질(신체)의 범위, 나아가 그 둘 사이의 경계를 과거와는 전혀 다르게 그렸다는 데 있다. 순수정신은 이제 순수물질과 맞물리는 개념이 된다. 과거에는 순수정신이 존재하되 외부 자연에 내재하는 불순한 영혼(식물영혼, 동물영혼)과 함께 존재했다. 하지만 이제 영혼은 순수정신으로서 오로지 인간 내면에만 존재하는가 하면, 자연은 어떠한 심리적 요소도 포함하지 않는 순수물질의 세계로 남는다.

과거에는 순수정신이 외부 자연에 내재하는 불순한 영혼(식물영혼, 동물영혼)과 함께 존재했다. 하지만 이제 영혼은 순수정신으로서 오로지 인간 내면에만 존재하는가 하면, 자연은 어떠한 심리적 요소도 포함하지 않는 순수물질의 세계로 남는다

따라서 물질이 심리적 법칙으로 환원되지 않는 것처럼 정신 또한 물리적 법칙으로 환원되지 않는다. 정신과 물질의 상호 환원 불가능성은 위의 제목에서 '인간 영혼과 신체의 실재적 구별'이란 말로 표현되고 있다. 영혼과 신체가 실질적으로 구별된다는 것은 그 둘이 각각 서로 다른 실체임을 말한다. 존재하기 위해 다른 것의 도움이 필요 없는 자립적 실재라는 것이다. 이런 실체 이원론은 신체와 마음 사이에서 볼 수 있는 조화롭고 상호 의존적인 관계를 설명하지 못한다는 비판을 받아왔다. 그러나 근대 과학을 정당화하려는 데카르트의 기획에서 일차적으로 중요한 것은 심신의 조화가 아니라 심신의 구별에 있다. 왜냐하면 그런 실체적 구별 가능성만이 근대 과학이 요구하는 순수물질 개념을, 나아가 기독교가 요구하는 순수영혼 개념을 정초해줄 수 있기 때문이다. 데카르트에게 '실체적'이라는 것은 배타적이라는 것 못지않게 순수하다는 것을 의미한다. 정신과 물질이 서로 다른 실체라는 것은 그 둘이 각각 상대 쪽 요소를 전혀 포함치 않는 순수 실재라는 것과 같다.

정신 - 물질 개념의 순화를 의도하는 이런 실체

데카르트 체계
에서 신학과 형
이상학은 순수
영혼을, 자연학
은 순수물질(연
장)을, 윤리학
은 '심신 통일
체'에 해당하는
'제3의 실체'를
주요 대상으로
한다. 그리하여
자연학적 탐구
는 종교에 아무
런 위협이 될
수 없다. 과학
이 순수물질의
영역으로 제한
되는 반면, 종
교는 순수영혼
의 영역에서 펼
쳐지기 때문이
다. 이것은 거
꾸로 종교적 신
념 때문에 자연
학적 탐구가 제
한될 필요가 없
다는 말과 같다

이원론은 학문 영역의 새로운 분할을 의미한다는
점에서도 역사적 의미가 크다. 데카르트 체계에서
신학과 형이상학은 순수영혼을, 자연학은 순수물질
(연장)을, 윤리학은 '심신 통일체'에 해당하는 '제3
의 실체'를 주요 대상으로 한다. 이런 분할에 따르
면 자연학적 탐구는 종교에 아무런 위협이 될 수 없
다. 과학이 순수물질의 영역으로 제한되는 반면, 종
교는 순수영혼의 영역에서 펼쳐지기 때문이다. 이
것은 거꾸로 종교적 신념 때문에 자연학적 탐구가
제한될 필요가 없다는 것과 같다. 종교와 과학이 존
재론적으로 구별되는 서로 다른 영역에 서 있기 때
문이다. 데카르트의 실체 이원론은 종교와 과학에
서로 다른 타당성 범위를 할당하여 둘 간의 갈등을
해소하고자 했다. 근대 과학이 언젠가부터 교회의
간섭에 해방되어 자신의 고유한 진화의 여정에 몰
두할 수 있었던 것은 이런 형이상학적 의도의 성공
덕분이다.

실체의 표면화

이런 역사적 의미에도 불구하고 데카르트는 종종
정신을 실체화했다는 비난을 받는다. 정신을 실체화

함으로써 정신과 신체의 상호 의존성과 조화로운 일치 가능성을 원천적으로 설명하기 어렵게 만들었다는 것이다. 그러나 이것은 하나는 알고 둘은 모르는 소리다. 무엇보다 데카르트의 실체 개념에 대한 정확한 이해를 가로막는 비판이란 점에서 문제가 있다. 데카르트에게 실체는 일단 '존재하기 위해 자기 이외의 다른 것에 의존하지 않는 것'으로 정의된다(『철학원리』 1부 51항). 그러므로 정신은 실체인 한에서 다른 종류의 실체(물질적 실체)와 실재적으로 구별된다. 그러나 이것이 전부가 아니다. 그 이외에도 실체는 자신의 주요 속성과 실질상 (실재적으로만이 아니라 양태적으로도) 구별되지 않는다. 만일 둘 사이에 어떤 구별이 있다면 오로지 사유 차원의 관념적 구별뿐이다(『철학원리』 1부 62~63항).

이는 정신적 실체와 그 주요 속성 사이에는 오로지 허구에 가까운 추상적 개념화의 수준에서만 구별이 있을 뿐 실제상으론 아무런 차이가 없다는 것과 같다. 데카르트는 정신적 실체의 본질에 해당하는 그 주요 속성을 사유로 설정한다. 그리고 정신적 실체와 그 주요 속성인 사유를 구별 불가능한 하나로 규정한다. 이런 일체화 속에서 어떤 이중의 사건이 일어난다. 한편으로는 사유가 물리적 과정에 대한 일체의 의존성에서 벗어나 정의될 수 있는 권리를 획득한다. 이것이 정신의 실체화가 가리키는 의미다. 다른 한편으로는 실체성이 심리적 과정의 바탕 혹은 장(場)으로 기능화된다. 이것이 실체 – 속성 동일화의 의미다. 이런 이중의 사건은 어떤 표면화로 집약할 수 있다. 데카르트 실체론에서 본질적 속성은 경험적 현상(양태)이 성립하는 어떤 형이상학적 평면과 같다. 실체는 그런 평면에 해당하는 속성과 식별 불가능한 하나로 일체화된다. 경험적 현상의 발생적 기원이자 토대를 이루는 유사 초월론적 표면으로 기능하게 되는 것이다.

데카르트 실체론의 독창성은 여기에 있다. 그것은 실체성을 기능적 속성으로 환원하는 가운데 경험적 현상을 정초하는 선험적 조건으로 자리매김하는 데 있다. 따라서 데카르트 실체론의 핵심은 실체의 실체성(실체의 존재론적 자족성)에서 찾을 것이 아니라 그 실체성을 흡수하여 초월론적 차원으로 다시 태어나는 속성 쪽에서 찾아야 한다. 데카르트는 물질의 본질적 속성으로 연장을, 정신의 본질적 속성으로 사유를 든다. 연장은 물리적 현상 일체

데카르트 실체론의 핵심은 실체의 실체성(실체의 존재론적 자족성)에서 찾을 것이 아니라 그 실체성을 흡수하여 초월론적 차원으로 다시 태어나는 속성 쪽에서 찾아야 한다. 데카르트는 물질의 본질적 속성으로 연장을, 정신의 본질적 속성으로 사유를 든다

의 발생 원천이자 동질적 연속성의 토대와 같다. 사
유는 모든 심리적 현상 일체의 발생 원리이자 동질
적 연속성의 토대에 해당한다. 우리는 앞에서 연장
에 대해 어느 정도 언급해두었으므로 이제는 사유
에 대해 알아보기로 하자.

사유의 세 층위

데카르트 철학에서 정신의 본질적 속성인 사유는
무엇을 의미하는가? 우리는 이미 이것의 인식론적
지위에 대해 언급했다. 다시 강조하자면 정신의 주
요 속성인 한에서 사유는 어떤 경험적 현상이나 양
태가 아니다. 그것은 심리적 현상이 경험적으로 발
생하거나 독자적인 진화의 논리에 따라 펼쳐지는
어떤 초월론적 평면에 해당한다. 그렇다면 이런 초
월론적 위상의 사유가 지닌 기능적 정체성은 어디
에 있는가? 다시 말해서 본질적 속성으로서의 사유
는 어떻게 작동하고 또 어떻게 기능하는가?

이런 물음에 답하기 전에 먼저 양태로서의 사유,
혹은 경험적 현상으로서의 사유가 무엇인지 알아보
도록 하자. 데카르트는 양태에 해당하는 사유로 두
가지를 든다. 하나는 내용에 가깝고 다른 하나는 형

식에 가깝다. 전자는 '대상의 이미지'에 가깝고 '관념'이라 불린다. 후자는 '정신의 활동'에 가깝고 여기에는 의지, 감응, 판단 같은 것이 있다(『제3성찰』, 9:29). 그러므로 정신의 작용에는 순수 지성적 활동만이 있는 것이 아니다. 거기에는 과거 동물영혼의 기능으로 간주되던 감각, 감정, 나아가 상상 같은 것까지 포함된다(『제2성찰』 9:22, 『제3성찰』 9:27, 『제6성찰』 9:62). 그러므로 데카르트는 사유를 이렇게 정의한다.

> 나는 사유라는 말로 우리 안에서 일어나되 우리 자신에 의해 직접적으로 지각되는 방식으로 일어나는 모든 것을 의미한다. 그렇기 때문에 오성, 의지, 상상뿐만 아니라 또한 감각도 여기서 사유하는 것과 동일한 것이다.(『철학원리』 1부 9항)

감응이나 상상도 그렇지만 특히 감각은 신체 없이 일어날 수 없다. 이런 것들은 신경 - 생리학적인 절차를 전제하는 현상이며, 그런 한에서 기계론적 법칙을 따르는 물리적 현상이다. 그런데 이런 물리적 현상이 왜 동시에 심리적 현상인 사유의 양태로 불릴 수 있는가? 그것에 대한 답은 위의 인용문에 나오는 '우리 자신에 의해 직접적으로 지각되는 방식으로 일어나는 모든 것'이란 구절에 있다. 라틴 원문에 충실하자면 그 구절은 "우리가 우리 안에서 의식하는 모든 것(ilia omnia, quae nobis consciis in nobis siunt)"(8-1:7)로 옮겨야 한다. 칸트 이후의 용어법을 차용하면 그것은 '자기의식에 의해 수반되는 모든 것'을 의미한다. 감각적 자극이나 신체적 운동은 자기의식이 수반되지 않는 한에서 신경 - 생리학적 현상에 불과하다. 그러나 그것이 정신에 의해 의식되고, 그런 한에서 자기의식 속에 통합되는 즉시 심리적 현상으로 전환된다.

따라서 데카르트 철학에서 사유는 세 종류로 대별될 수 있다. 먼저 양태로서의 사유, 혹은 경험적 현상에 해당하는 사유가 있는데, 이것은 다시 두 종류로 나뉜다. 관념으로 지칭되는 사유 내용이 한 가지고 정신의 심리적 활동이나 작용에 해당하는 사유 형식들, 가령 추론, 상상, 회의, 의지, 감각, 감응 등의 작용이 다른 한 가지다. 다른 한편으로는 이런 경험적인 사유를 비로소 사유로서 만들어주는 초월론적 원리와 같은 사유가 있는데, 그것이 자기의식

혹은 통각이다. 데카르트에게서 자기의식은 과장법적 회의를 빠져나가는 그 유명한 "나는 생각한다, 고로 존재한다"라는 문장과 더불어 철학의 제일원리로 자리를 잡는다. 그러나 '나는 생각한다'(코기토)는 학문적 인식 전체를 정초하는 제일원리이기에 앞서 경험적 차원의 사유 양태 일반의 초월론적 근거다. 이것은 경험적 대상이 현상할 때 그 나타남 자체의 기원이라는 것과 같다.

의식으로서의 사유

경험적 사유와 초월론적 사유의 차이는 칸트 이후의 철학에서 대단히 중요한 주제로 부상하지만, 데카르트에게서도 이미 명료하게 부각되고 있다. 그러나 이런 철학적인 문제보다 앞서 강조되어야 하는 것은 심리학의 수준에서 데카르트가 가져온 혁신이다. 자연이란 개념이 데카르트 전후로 완전히 뒤바뀌는 것처럼 똑같이 영혼 개념이 데카르트 철학을 통해 전혀 새로운 형태로 다시 태어났다. 이와 더불어 심리학적 의미의 사유라는 것도 과거와는 완전히 다르게 정의되어야 했다. 결론부터 말하자면 사유에 대한 데카르트적 정의의 핵심에는 의식이 있다. 즉 무엇을 생각한다는 것은 이제 무엇을 의식한다는 것을 의미하게 되었다.

그렇다면 의식이란 무엇인가? 그것은 마음에 의한 자각을 의미한다. 가령 어떤 생각이 마음속에 찾아와 여러 감정이나 상상을 유발하되 마음이 그것을 의식하지 못할 수 있다. 이런 생각은 데카르트에게 생각으로 간주될 수 없다. 의식되지 않는 생각, 그것은 '둥근 삼각형'과 같은 형용모순이다. 생각은 생각하는 자아에 의해 의식된다는 것을 본질적 계기로 하기 때문이다(『뷔르망과의 대화』5:149, 『네 번째 답변』7:246). 여기서 사유의 두 축을 그려보자. 하나는 사유가 대상과 관계하는 축이고 다른 하나는 사유가 주체(자아, 마음)와 관계하는 축이다. 데카르트가 심리학에서 일으킨 혁신은 사유를 대상과의 관계에서 정의하는 관행에서 벗어나 주체와의 관계에서 정의했다는 점에 있다.

이 점에서 데카르트는 종교개혁의 영웅 루터와 닮은 데가 있다. 루터 이후 종교의 본질은 이중화된다. 종교는 그것이 숭배하는 신에 의해 정의되어 왔고, 따라서 거기서 객관적 본질을 얻는다. 그러나 루터가 종교개혁을 위해 가리킨 것은 신앙이라는 주관적 본질이다. 종교, 특히 기독교에 활력을 부여하는 것은 신이라는 외면적 본질이 아니라 믿음이라는 내면적 본질에서 찾아야 한다는 것이 종교개혁이 가져온 혁신이었다. 이와 마찬가지로 데카르트는 사고의 본질을 그것이 관계하는 외부 대상에서 찾기보다는 정신적 내면에서 찾았다. 사고의 가능성을 외부적 조건이 아니라 내부적 조건에서 설명하고자 한 것이다. 그 내부적 조건은 사고하는 주체에 의해 자각되고 의식된다는 데 있다.

가령 우리는 끊임없이 숨을 쉬고 있지만, 그것을 언제나 의식하지는 않는다. 의식되지 않는 한에서 숨쉬기는 신체의 생리적 과정에 불과하다. 그러나 그것은 의식되자마자 심리적 과정으로 전환된다. 숨쉬기와 물리적 자극들이 심리적 자극들로 바뀌는 것이다. 그러므로 '나는 숨을 쉰다, 고로 존재한다'는 명제는 '나는 생각한다, 고로 존재한다'는 명제만큼 확실하다. 왜냐하면 내가 나의 숨쉬기를 의식하는 한에서 나는 생각하는 것이고, 생각하기 위해서 나는 먼저 존재해야 하기 때문이다. 심리학적 의미의 사고를 정의하는 핵심이 이렇게 의식에 있다면, 의식의 중심에는 자아가 있다. 의식된다는 것은 자아에 의해 의식된다는 것이고, 이를 통해 사유는 자아를 위한 자아의 사유가 된다.

의식된다는 것은 자아에 의해 의식된다는 것이고, 이를 통해 사유는 자아를 위한 자아의 사유가 된다

물론 고대 심리학을 대변하는 아리스토텔레스의 영혼론에서도 의식에 해당하는 차원을 논하는 대목을 찾을 수 없는 것은 아니다. 가령 보는 자가 보는 것을 의식한다거나 걷는 자가 걷는 것을 의식하는 사태, 나아가 지각하거나 생각하는 것을 그 주체가 의식하는 사태를 언급하는 구절이 있다.[17] 그렇지만 아리스토텔레스의 영혼론에서 의식은 핵심적인 위치를 차지하지 못한다. 의식은 사유를 사유되게 하는 원리라기보다 생의 쾌감을 설명하는 요인으로 지목된다. 게다가 의식은 공통감(sensus communis)의 기능으로 설명된다. 데카르트에게서처럼 지성의 기능으로 설명되지 않는 것이다. 좀 더 정확히 말해서 데카르트에게 의식은 지성을 핵으로 하는 자아를 전제하고, 따라서 의식은 언제나 자기의식이다.

데카르트의 코기토와 근대적 주체

여기서 민주주의를 '국민에 의한, 국민을 위한, 국민의 정치'라고 천명했던 링컨의 말을 기억하자.

데카르트에게 심리적 과정이 반드시 의식에 의해
이중화되어야 한다면, 의식은 언제나 '자아에 의한,
자아를 위한, 자아의 의식'이다. 자아의 사유, 게다
가 '나는 생각한다'(코기토)가 의식으로서의 사유
자체를 정의하는 심리학적 원리인 것이다. 그러나
데카르트에게서 코기토는 심리학적 원리인 동시에
철학적 원리, 게다가 철학의 제일원리다.

데카르트에 의해 철학의 제일원리로 등장한 코기
토는 이후 근대 사상사의 방향과 성격을 일관적으
로 재편해가는 문제 제기적 이념으로 거듭난다. 데
카르트 이후 독일관념론에 이르는 근대 사상사에서
거의 대부분의 주요 철학자들이 코기토를 철학의
제일원리로 받아들일지의 여부를 놓고 벌어진 논쟁
에 참여했다. 여기에는 코기토가 제일원리라면 철
학에서 제일원리가 어떤 의미와 역할을 지니는지에
대한 토론도 포함된다.[18] 수많은 찬반 논쟁이 아직
까지도 계속되고 있음을 보고 있자면 그 논쟁의 열
기 자체가 근대 유럽 철학의 진보를 가져오는 가장
중요한 원동력이었음을 인정하지 않을 수 없을 것
이다.

이 점을 가장 멋지게 표현할 줄 알았던 헤겔에 따

르면, "근대 철학의 관심 전체가 바로 이 [코기토] 명제의 둘레를 회전하고 있다."[19] 서양에서 근대 철학의 모든 문제가 코기토로부터 발산하고 다시 코기토로 수렴하는 패턴을 볼 수 있다는 것이고, 그런 만큼 근대 철학의 범위 전체가 코기토에 의해 중심화되고 있다는 것이다. 그러므로 헤겔은 데카르트가 코기토를 철학의 제일원리로 발견하는 순간을 천년의 표류 끝에 철학이 자신의 육지를 발견하는 사건으로 묘사했다.[20] 데카르트에서 칸트와 독일관념론, 그리고 현상학과 실존주의로 이어지는 유럽 사상사의 주류를 생각할 때 감탄스러울 정도로 절묘한 장면화라 할 수 있다. 왜냐하면 여기서는 코기토로 대변되는 반성적 내면성이 체계 자체의 지반이자 구성 원리의 원천이기 때문이다.

데카르트 이후의 서양 철학사는 데카르트적인 길과 비-데카르트적인 길로 대별될 수 있다. 그러나이 두 길은 끊임없이 반목하고 경쟁하는 것 같으면서도 데카르트적인 길의 자기 분열과 상승적 재통합을 표시하는 계기에 불과할 것이다. 가령 경험론과 같이 데카르트에 반기를 드는 것처럼 보이는 철학도 의식 분석의 길을 간다는 점에서 마침내 데카르트적인 길로 합류하여 칸트로 시작되는 새로운 흐름에 참여한다. 프로이트의 무의식 이론은 데카르트적 의식의 저편에서 구축된 것 같지만 그것을 완성하는 위치에 있는 라캉의 주체 이론 역시 코기토 철학의 한 유형이다. 라캉 자신이 그토록 강조하는 것처럼 무의식의 탐구로 가는 프로이트의 길은 데카르트의 길의 연장선상에서만 열릴 수 있었다.[21]

데카르트적 기획의 초역사성

데카르트에서부터 시작된 코기토 철학에서는 주체의 내면을 해명하는 것이 세계의 의미를 길어내는 길이고 자아의 심층을 천착하는 것이 지식의 원리와 실천의 이념을 찾는 길이다. 보편성에 이르는 모든 길이 반성적 내면성에서 추구되는바 심미적 보편성을 찾는 길도 예외가 아니다. 근대적 표상 체계의 중심에는 코기토가 있는 것이다. 그러나 코기토가 근대적 표상 체계의 배꼽으로 확실하게 굳어지기까지 복잡한 논쟁을 통과해야 했다. 특히 결정적인 계기는 칸트가 가한 데카르트의 코기토에 대한 비판인데, 그 비판의 요지는 '사유하는 나'를 실체화했다는 데 있다.[22]

칸트가 생각하는 코기토는 경험적 사유도 아니고 실체로서 규정되는 '물 자체'도 아니다. 코기토는 경험적 현상과 물 자체 사이를 가르는 초월론적 평면의 제일원리일 뿐이다. 그런데 데카르트는 경험적 현상의 차원에 있는 사유와 현상 배후의 물 자체 (실체로서의 영혼) 사이를 왔다 갔다 할 뿐이라는 것이다.

그러나 이것은 피상적 관찰에서 오는 비판이다. 이미 언급했던 것처럼 데카르트 실체론의 핵심은 실체-속성의 동일성을 언급하는 데 있고, 그런 한에서 그것은 물 자체에 대한 언명이라기보다 본질적 속성에 대한 언명이다. 여기서 실체는 본질적 속성인 사유와 동일시되고, 그렇게 동일시된 사유는 경험적 차원의 사유(양태로서의 사유)와 구별되는 초월론적 차원의 사유다. 칸트의 비판은 데카르트적 코기토의 한계를 드러냈다기보다 그것이 감추고 있던 위상학적 특성을 분명히 드러냈다고 할 수 있다. 만일 데카르트의 코기토와 칸트의 코기토 사이에 어떤 결정적인 차이가 있다면, 그것은 시간의 문제에서 찾아야 한다. 즉 데카르트의 코기토는 그 자체로 현존하는 시간 속에 존재하는 반면, 칸트의 코기토는 스스로 시간을 형성한다. 들뢰즈가 지적한 것처럼 데카르트 이후 칸트가 철학사에서 가져온 새로운 혁명은 의식 바깥에 있던 시간을 의식 내면으로 귀속시킨다는 데 있다. 칸트를 지나면서 자연의 운동에 종속되어 있던 시간이 의식 혹은 생각에 종속된다. 따라서 스스로 시간적 규정 가능성의 원리인 칸트의 코기토는 시간적으로 규정된 존재(경험적 현상)와 규정되지 않은 존재(물 자체) 사이에 있다.[23]

데카르트의 코기토도 역시 어떤 사이에 위치한다는 점에서는 마찬가지다. 그것은 경험적 현상과 물 자체 사이에 위치할 뿐만 아니라 이성과 광기 사이에 위치한다. 과장법적 회의의 길을 따라 등장하는 코기토는 꿈과 현실, 이성과 광기, 악한 신과 선한 신의 대립이 무력화되는 진공의 지점이다.

이 진공의 지점에서는 어떤 일이 벌어지는가? 그 것은 피카소의 입체파 회화가 묘사하는 것과 같은, 파괴와 생성이 교차하는 사건이다. 데카르트의 코기토는 모든 형이상학적 이항대립이 무너지는가 하면 다시 재건되기 위해 공존하는 어떤 진공의 지점이다. 선과 악, 참과 거짓, 가상과 실재를 비롯한 모

데카르트의 코기토는 경험적 현상과 물 자체 사이에 위치할 뿐만 아니라 이성과 광기 사이에 위치한다

든 형이상학적 이항대립이 이 진공의 영점(零點) 속으로 빨려 들어가는가 하면 그 영점으로부터 다시 태어난다. 새로운 방향과 구도에서 다시 재편되는 것이다.

그런 의미에서 데카르트의 과장법적 회의와 그 회의의 정점에 해당하는 코기토는 근대라는 특정 시대의 에피스테메에 가두어둘 수 없다. 그것은 데리다가 강조하는 것처럼 모든 시대를 뛰어넘어 철학 일반에 본질적인 기획이 무엇이어야 하는지를 말해주는 사례다.[24]

"무규정자, 무(無) 혹은 무한자로 향한 초과의 기획, 사유 가능한 전체, 존재자와 규정된 의미들의 전체, 사실적 역사의 전체를 넘어서려는 초과의 기획"[25]이라는 점에서 코기토에 이르는 데카르트적 성찰의 궤적은 살아 있는 철학의 모범이다.

데카르트주의는 그런 초월론적 외출의 여정과 더불어 태어나고 그 외출의 경제 속에서 지속 가능한 생명력을 얻는다. 따라서 데리다가 볼 때, 코기토 속에서 광기와 이성이 교차한 이후 "철학적 행위는 그 본질이나 기획에 있어서 더 이상 데카르트적이지 않을 수 없었고, 더 이상 데카르트주의를 기억하지 않을 수 없었다."[26]

철학은 언제나 데카르트적이고, 데카르트적일 때
만 철학적일 수 있다는 이야기다. 철학은, 심지어
해체론마저 데카르트적 기획의 반복이라는 것이다.
그리고 그런 한에서 데카르트적 기획과 더불어 등
장한 주체는 단순히 근대만을 살다 사라질 주체는
아닐 것이다. 그것은 모든 초월론적인 사유 일반과
더불어 미래의 역사 속에 거듭 다시 살아나야 할 철
학적 주체일 것이다.

제2부

근대적 역사관

헤겔의 테제들

　2부의 목적은 근대적 역사관의 기원과 특징을 설명하는 데 있다. 이를 위해 우리는 데카르트를 떠나 헤겔을 맴돌아보고자 한다. 헤겔을 맴돌면서 근대적 역사관이 확립되어가는 과정이나 근대 역사철학의 주요 쟁점을 반추해보고자 하는 것이다. 이는 헤겔의 위치 때문이다. 근대 사상사를 완성한다고 간주되는 헤겔은 서양 철학 사상 가장 정교하고 방대한 규모의 역사철학을 남긴 저자다. 헤겔은 유럽의 근대적 역사관을 체계적으로 종합하는 위치에 있다. 게다가 헤겔은 과거의 그 어떤 저자보다 역사에 심오한 의미를 부여한 철학자다. 헤겔에게서 역사성은 사물이 존재하는 방식 자체이자 합리성 자체에 해당한다. 현실적인 것은 역사적이되 역사적인 것은 다시 합리적이다. 체계와 역사, 구조와 생성이 대립하기는커녕 오히려 일체를 이룬다는 것이 헤겔 철학의 특징이다.

이런 이유에서 헤겔은 보통 서양 역사철학의 '정점'으로 간주된다. 그리고 이 정점에서 역사철학은 제일철학의 자리에 오른다는 평가도 따른다.[27] 이런 명성은 그의 저작을 일별해도 쉽게 수긍이 갈 만하다. 헤겔의 저작들은 대부분 역사에 대한 성찰을 담고 있다. 특히 『정신현상학』이나 『법철학』 같이 실천의 세계를 다루는 저작에는 반드시 심오한 역사론이 개진된다. 세계사, 철학사, 종교사, 예술사를 놓고 되풀이해서 강연한 것도 만년의 헤겔이다. 헤겔의 역사철학은 이런 역사 관련 강의록들 속에 가장 체계적으로 개진된다. 그중에서도 대표작으로 간주되는 것이 세계사를 다루는 『역사철학강의』[28]다. 이 강의록은 고대 중국에서 19세기 초 유럽에 이르는 역사의 흐름을 재구성해 가면서 역사 자체에 대한 여러 가지 논제들을 개진한다. 그렇게 개진된 논제들 중에서 우리는 근대적 역사관을 집약적으로 반영하는 것들을 골라볼 수 있다. 가령 다음과 같은 것들이 대표적이다.

헤겔에게서 역사성은 사물이 존재하는 방식 자체이자 합리성 자체에 해당한다. 현실적인 것은 역사적이되 역사적인 것은 다시 합리적이다

- 세계사는 자유의식의 진보 과정이다.
- 세계사는 민족 교체 과정이다.
- 세계사적 개인이나 민족들 배후에는 이성의 간계가 숨어 있다.
- 세계사는 동쪽에서 시작하여 서쪽에서 완성된다.
- 세계사의 법정은 종교, 예술, 철학 같은 문화적 영역에 있다.

이상의 몇 가지 논제는 서로 다른 내용을 담은 것 같지만 사실은 하나로 수렴한다. 그것은 역사는 어떤 시작과 끝이 있되 그 사이를 점진적으로 진보해 가고 있다는 생각이다. 물론 역사가 진보한다는 신념은 헤겔만의 것이 아니었다. 그것은 계몽주의 시대 전후 유럽에서 널리 공유된 믿음이었다. 위의 몇 가지 논제는 근대적 역사관의 가장 중요한 특징이라 할 진보 이념을 서로 다른 관점에서 표현하고 있다. 우리는 이 헤겔의 논제들을 향해 다가가면서 근대적 역사관의 기원과 특징, 나아가 그 한계까지 정리해볼 수 있을 것이다.

1. 진보 이념과 근대 역사철학의 탄생

게르만 국가가 받아들인 기독교 안에서 인간이 그 자체로서 자유이며 정신의 자유야말로 인간의 가장 고유한 본성을 이룬다는 의식이 생겼다. (⋯) 이 자유의 원리가 세상에 널리 행해지고 세속 상태에 침투해 조형력을 발휘하기까지는 긴 세월을 필요로 하는 것으로서 그 과정이 곧 역사 자체를 이룬다. (⋯) 세계사란 자유의식에 있어서의 진보 과정이며, 우리는 그 과정의 필연성을 인식해야 한다.(31~32/28)

근대적 역사관의 핵심

역사를 자유의식의 진보 과정으로 정의하는 이 문장들 속에 헤겔 역사철학의 가장 중요한 논제가 담겨 있다. 이미 언급했던 것처럼 이 논제는 헤겔의 역사철학을 구조화하는 핵심이자 헤겔을 포함한 근대 역사철학 전체에 통일성을 부여하는 근본이념이기도 하다. 우리는 이 진보 이념이 근대 역사철학 전체에 대해 갖는 의미를 다음과 같이 말할 수 있다. 근대 역사철학 자체는 진보 이념과 더불어 탄생하고 진보의 이념과 더불어 소멸한다. 근대 역사철학은 진보 이념을 모태로 태어났으며 진보 이념이 쇠퇴하자마자 위기를 맞이한다.

> 근대 역사철학 자체는 진보 이념과 더불어 탄생하고 진보의 이념과 더불어 소멸한다

"세계사란 자유의식에 있어서의 진보 과정이며, 우리는 그 과정의 필연성을 인식해야 한다." 이런 헤겔의 문장이 말하는 것처럼 근대 역사철학 일반은 진보가 필연적임을 논증하는 과제와 더불어 완성된 형태에 도달한다. 진보가 필연적이라는 것은 역사가 우연한 사건들의 연속이 아니라는 것을 말한다. 그것은 역사에 어떤 법칙이 내재한다는 것을, 그렇게 내재하는 법칙에 의해 역사의 흐름이 필연성을 띠고 발전해간다는 것을 말한다. 근대 역사철학은 그런 진보의 필연성에 대한 이론적 증명이다. 물론 그것은 우연성을 전혀 무의미하게 만드는 기계론적 필연성이 아니다. 그것은 오히려 우연성에

> 근대 역사철학은 그런 진보의 필연성에 대한 이론적 증명이다. 그것은 우연성을 전혀 무의미하게 만드는 기계론적 필연성이 아니라 오히려 우연성에 의미와 역할을 부여하는 생물학적 필연성에 가깝다

의미와 역할을 부여하는 생물학적 필연성에 가깝다.

그렇다면 우리는 이렇게 물을 수 있다. 역사가 진보한다는 믿음은 어떻게 생겨나고 어떻게 일반화되었는가? 그리고 그렇게 일반화된 믿음을 정당화하기 위해 철학은 어떠한 변형을 거쳐야 했는가? 그리고 그런 변형을 위해 어떠한 한계를 넘어서야 했는가? 가령 역사법칙이나 그 역사적 필연성의 고유한 특징을 개념화하기 위해 어떠한 인식론적 장애물을 넘어서야 했는가?

18세기 사회 변혁과 진보 이념

이것은 헤겔을 정점으로 하는 근대 역사철학의 기원과 형성 과정에 대한 물음이기도 하다. 그렇다면 철학 쪽보다는 먼저 사회적 차원에서 진보 이념이 싹트고 확산되는 배경에 대해 생각해보자. 근대 유럽에서 진보 이념은 어떻게 탄생한 것인가? 아마 많은 사실과 이유를 경유하여 설명해야 할 물음이겠지만, 가장 중요한 이유는 몇 가지 혁명적인 사건에서 찾아야 할 것이다. 예를 들어 17세기에 일어난 과학혁명, 18세기에 일어난 산업혁명과 프랑스혁명은 역사가 특정한 방향으로 발전해간다는 믿음을

17세기에 일어난 과학혁명, 18세기에 일어난 산업혁명과 프랑스혁명은 역사가 특정한 방향으로 발전해간다는 믿음을 주었다

주기에 충분했을 것이다.

이 세 가지 혁명 중에서도 진보 이념이 유럽 전체로 널리 확산되는 결정적인 계기는 프랑스혁명에 있는 것 같다. 군주, 교회, 귀족이 중심이 된 봉건적 질서에 실질적인 작별을 고하고 자유와 평등을 이념으로 하는 민주 적 체제가 도래하면서 역사 발전에 대한 믿음이 민중들에게까지 확고히 뿌리내렸다. 당대의 지식인들, 특히 프랑스 계몽주의자들 사이에서도 프랑스혁명은 결정적인 전환점이 된다. 가령 볼테르나 루소와 같이 혁명을 경험하지 못한 계몽주의자와 콩도르세와 같이 혁명을 경험한 계몽주의자 사이에는 진보에 대한 신념의 정도가 확연히 다르게 나타난다. 혁명 이전의 계몽주의자는 진보의 이념을 옹호하되 그 이념이 구시대의 관성에 의해 후퇴할 가능성을 항상 염두에 두었다. 반면 혁명 이후의 계몽주의자는 인간의 조건을 넘어설 만큼 무한히 발전해갈 역사의 진보를 상상하기에 이른다.

프랑스혁명 이전에는 18세기 중반부터 영국에서 일어난 기술혁신과 그에 기초한 산업혁명이 역사적 진보에 대한 믿음을 일반화하는 데 크게 기여했을 것이다. 초기 계몽주의가 내세운 진보 이념의 배후에는 당대 영국의 정치체제와 경제적 혁신에서 길어 올린 영감이 자리한다. 특히 애덤 스미스가 시장의 작동 원리로 가리킨 '보이지 않는 손'은 당대의 진보적 역사관에 커다란 영향을 미쳤다. 개인들의 이기심이 뒤섞여 혼란을 초래한다기보다는 공공선(公共善)을 가져온다는 생각은 역사에 대한 낙관적 신념을 심어주기에 충분했다. 그런데 이 시기에 등장한 진보 이념은 퇴보에 대한 믿음을 대신하는 위치에 있는 것이 결코 아니다. 진보주의의 '진보'는 '정지'의 반대말이 아닌 것처럼 '퇴보'의 반대말도 아니다. 만일 그 말에 반대말이 있다면 그것은 '순환'이 될 것이다. 고대 그리스에서, 그리고 계몽기 이전 르네상스 시기에서 역사는 흥망성쇠라는 순환과 반복의 과정으로 이해되었다. (이것은 고대 그리스와 동아시아 유교문화권에서도 마찬가지다.) 이런 순환적 역사 이해의 틀을 깨뜨리고 진보적 역사관을 처음 제시한 것이 볼테르 같은 프랑스 계몽주의자들이다.[29]

애덤 스미스가 시장의 작동 원리로 가리킨 '보이지 않는 손'은 당대의 진보적 역사관에 커다란 영향을 미쳤다. 개인들의 이기심이 뒤섞여 혼란을 초래한다기보다는 공공선(公共善)을 가져온다는 생각은 역사에 대한 낙관적 신념을 심어주기에 충분했다

근대적 역사관과 기독교

그렇다면 진보적 역사관은 계몽주의자들의 머리에서 처음 나온 것인가? 이 물음에 대해서는 두 가지 관점이 경쟁하고 있다. 하나의 관점에 따르면 계몽주의에서부터 콩트, 헤겔, 마르크스에 이르는 진보 이념은 유대 - 기독교적 구원의 이념이 세속화된 형태에 불과하다.[30] 역사에 어떤 시작과 종말이 있고 그 사이의 시기는 인간이 원죄에서 벗어나 신과 화해해가는 상승적 도야의 과정이라는 것이 유대 - 기독교적 역사관이다. 이런 종교적 역사관이 세속화되어 근대적 역사관이 나온 것이 아닌가?

볼테르 같은 계몽주의자는 섭리 개념에 기초한 '역사신학'에 대항하여 '역사철학'이란 용어를 처음 사용했다. 그리고 역사철학의 과제를 종교적 믿음이 아닌 자연적 이성의 관점에서 역사적 변화의 원인을 찾는 데 두었다. 그러나 종교의 권위와 전통, 나아가 미신과 무지에서 벗어나는 해방의 과정은 결국 역사신학이 가리키는 구원의 과정과 구조적으로 동일한 형식을 취하게 된다. 근대 역사철학의 근간이 유대 - 기독교적 구원의 이념에 뿌리내린다는 것은 헤겔의 경우 너무 분명한 사실이다. 헤겔은 역

자유 Liberty… celebrates the July Revolution, Engene Delacroix 作

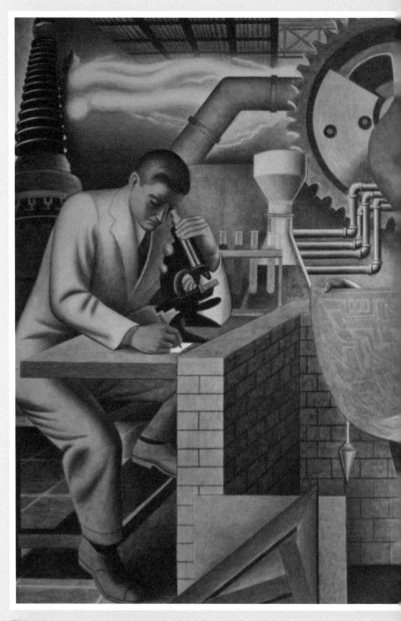

국부(國富) The wealth of the Nation, Seymour Fogel 作

사철학의 핵심을 "단순한 이성의 사상, 즉 이성이 세계를 지배하고 따라서 세계사도 이성적으로 진행한다는 사상"(20/19)에 두었다. 그리고 그의 강의는 이런 이성 중심의 사상이 "신의 존재를 정당화하는 변신론"(25/28)임을 천명하는 것으로 시작함은 물론 전체 강의를 마무리한다.

> 역사에 등장하는 민족이 잇달아 교체하는 가운데 세계사가 자유의식의 발전 과정이 되어가고 거기에서 정신이 실제로 생성되어가는 것, 그것이야말로 틀림없는 변신론이며 역사 가운데 신이 존재함을 증명하는 사실이다. 이성적인 통찰력만이 성령과 세계사의 현실을 화해시킬 수 있고 일상의 역사적 사실이 신 없이는 이루어질 수 없을 뿐만 아니라 역사적 사실이 본질적으로는 신이 손수 이룩한 작품임을 인식하는 것이다.(434/540)

헤겔의 『역사철학강의』에서 이성은 철학의 제일원리다. 그것은 체계 전체를 정초하는 마지막 근거이면서 그것에 부응하는 최고의 논리적 사태(주객 대립의 통일, 모순의 화해, 자기 관계적 부정에 따른 정반합의 운동)이기도 하다. 이런 이성은 기독교 신학의 섭리와 동일한 어떤 것으로 정의된다. 따라서 헤겔의 역사철학은 볼테르의 경우처럼 기독교적 역사신학과 대립하는 것이 아니라 오히려 완전히 일치한다. 이것은 종교와 철학이 내용적으로 아무런 차이가 없다는 헤겔의 기본전제에서 볼 때 당연한 일이다. 헤겔에게 종교와 철학 그리고 예술은 형식상의 차이만을 지닐 뿐 내용상으로는 아무런 차이가 없다. 동일한 내용(신=이성)을 놓고 서로 다르게 관계할 뿐이다. 가령 동일한 내용에 대해 예술은 감성적으로 직관하고 종교는 상상적으로 표상한다. 반면 철학은 그것을 개념적으로 사유할 뿐이다 (61/73, 69/58). 이런 관점에 기초한 헤겔의 역사철학은 세속화된 변신론이라기보다는 오히려 변신론적으로 재구성된 세속사라 할 수 있다.

헤겔의 역사철학은 세속화된 변신론이라기보다는 오히려 변신론적으로 재구성된 세속사라 할 수 있다

과학혁명의 유산

근대적 역사관을 끌고 가는 진보 이념이 유대-기독교적 구원의 이념에서 온다는 주장은 이런 헤겔의 역사철학에서 결정적인 근거를 찾을 수 있다. 그러나 그런 주장과 대척점에 놓인 관점이 있다. 그

반대 주장에 따르면 근대적 역사관을 비롯한 근대 문화 전체가 기독교 전통과는 완전히 무관한 가치 위에 발아했다. 근대성은 절대적으로 새로운 시작에 해당하며, 그 새로움은 세계에 대한 인간의 태도에 있다. 어떤 태도인가? 그것은 모든 권위에서 벗어나 세계를 이성적으로 파악하고 합리적으로 조직하려는 태도, 이성에 대한 확신과 자율성의 이념으로 집약되는 태도다.[31]

이런 관점에서 보면 근대적 역사관의 기원은 17세기 과학혁명에서 찾아야 할 것이다. 갈릴레오, 데카르트, 뉴턴에 의해 확립된 기계론적 자연관은 전통적인 목적론적 자연관을 대체하면서 순수물질의 개념과 순수영혼의 개념을 낳았다.(내면과 외면의 분리) 영적인 활력을 잃어버린 자연은 기계적 법칙에 의해 움직이는 타성적 물질로 전락했다. 이런 자연 앞에서 근대적 인간은 두 가지 상호 모순된 감정에 휩싸인 것 같다. 하나는 일종의 '고향상실'과 유사한 감정이다. 고대인에게 자연은 경이의 대상이었다. 자연은 인간의 세계를 비추는 거울이자 지혜의 원천이었다. 그러나 순수물질로 둔갑한 자연은 인간의 삶에 대해, 삶의 의미와 목적에 대해 더 이

근대성은 모든 권위에서 벗어나 세계를 이성적으로 파악하고 합리적으로 조직하려는 태도, 이성에 대한 확신과 자율성의 이념으로 집약되는 태도다

상 아무것도 말해주지 않게 되었다. "이 무한한 공간의 영원한 침묵이 나를 두렵게 한다"[32]는 파스칼의 말처럼 자연은 공포에 가까운 무의미 속에 잠들게 되었다. 거대한 침묵에 빠진 자연에 어떤 의미가 있다면, 그것은 이제 인간이 그것에 부여해야 할 그 무엇에 불과한 것이다.

그렇다면 근대 과학적 이성은 자연에 어떠한 의미를 부여했는가? 그것은 인간에 의한 무한한 지배와 조작의 가능성이라는 의미다. "우리는 자연의 지배자요 소유자가 된다"[33]라는 데카르트의 언명에서 잘 드러나는 것처럼 자연은 인간의 삶을 위해 활용되는 도구나 수단으로 전락한다. 이런 태도는 거꾸로 자연을 제대로 알고 자유롭게 활용하면 할수록 인간의 세계는 무한히 발전해가리라는 믿음으로 이어진다. 순수물질의 세계로 전락한 자연에 의해 초래된 고향상실의 감정은 이런 낙관주의에 의해 뒤로 밀려나게 된다. 자연에서 더 이상 길어낼 수 없게 된 삶의 의미는 이제 인간 스스로 만들어가거나 삶의 세계 자체 안에서 길어 올려야 한다. 인간에게 고향이 있다면, 그 고향은 이제 자연이 아니라 인간이 스스로 조직해가는 세속 사회에서 찾아

야 하는 것이다.[34]

종교적 유토피아에서 세속적 유토피아로

이런 전환과 관련하여 되돌아볼 만한 장면은 데카르트의 『철학원리』 불어판 서문(1647)에서 찾을 수 있다. 데카르트는 여기서 학문체계 전체를 나무에 비유했다. 이 비유에서 나무의 뿌리는 형이상학이다. 줄기는 자연학이며 가지는 여러 가지 응용학문이다(9-2:14)[35]. 데카르트는 학문적 지식을 실천적 삶의 구성요소로 간주했고 현실생활에 유용한 측면에서 평가했다. 학문적 진보는 세속적 삶의 개선으로 이어져야 한다는 것이다. "올바른 행위를 위한 올바른 판단(bien juger pour bien faire)"(6:28)이라는 『방법서설』의 짤막한 격률이 이런 생각을 집약한다. 이 격률은 "삶에서의 확실한 발걸음을 위하여 진위 구별을 배우려는 어떤 강렬한 욕망"(6:10)을 표현한다. 데카르트의 학문은 이런 욕망에서 뻗어나온 거대한 나무다.

이런 욕망의 나무에서 열리는 과실은 뿌리나 줄기에서가 아니라 가지에서 열린다. 그 많은 가지들 중에서도 가장 중요한 것은 기계학, 의학, 그리고 도덕이다. 왜냐하면 유용성이 엄청나게 크기 때문이다. 도덕은 인간의 모든 지식을 전제하면서 이룩되는 "마지막 단계의 지혜"(9-2:14)에 해당한다. 이 지혜는 학문의 나무가 약속하는 반신학적 전언 속에서 읽어야 한다. 데카르트의 비유는 에덴의 선악과(善惡果)와 실낙원의 회복을 암시하고 있기 때문이다. 가령 첫 번째 가지에 해당하는 기계학은 인간을 모든 노동의 굴레에서 해방할 것을 약속한다. 그런데 노동이란 무엇인가? 그것은 실낙원과 더불어 인간이 걸머져야 했던 운명이었다. 기계학은 이성의 힘으로 인간이 실낙원 이전의 유토피아를 회복할 수 있음을 암시한다. 두 번째 가지에 해당하는 의학은 단순히 질병의 치료에 그치는 것이 아니라 인간을 죽음에서마저 해방할 것을 약속한다(『방법서설』 6부, 6:62). 이것은 종교가 약속하던 불멸의 삶이 인간 스스로의 힘으로 실현될 수 있음을 암시한다.

철학은 말하자면 제2의 신화다. 새로운 신화의 메시지는 인간이 원죄 이전의 행복을 구가하면서도 아담에게 금지되었던 선악과를 향유할 수 있다는 데 있다. 사실 야훼는 선악과를 맛본 아담이 신이 될까 두려워했다. 그것은 인간이 사물(또는 선악)을 재는 척도를 가지고 있을지도 모른다는 염려였다. 선악과를 먹은 아담은 자신의 벌거벗은 모습이 창피해서 몸을 가렸다. 수치심은 타자를 대립적으로 의식하는 데서 비롯되는 자기의식의 한 형태다. 선악과를 먹은 아담은 자기 자신을 발견한 자아로 간주될 수 있다. 학문의 나무에서 뿌리가 되는 것이 형이상학이라면, 형이상학의 제일원리는 사유하는 자아의 존재에 있다. "나는 생각한다, 고로 존재한다." 이 명제는 외면과 대립하여 자기 자신의 존재를 정립하는 반성적 주체의 자기언명이다. 데카르트 철학에서 이 명제는 명증성이라는 진리판단의 기준을 제공한다. 그러므로 데카르트의 '사유하는 자아'는 선악과를 따기 위해 지혜의 나무에 올랐던 아담과 견줄 만하다. 이 자아는 "자연의 지배자이자 주인으로서"(6:62) 등장할 자신의 모습을 그린다. 철학은 실낙원 이전에 신이 인간에게 약속했던 권리를 되찾는 노력이다. 이 노력은 인간의 지혜가 "마지막의 단계"(9-2:14)에 이르렀을 때 결실을 보게 된다. 그 마지막 결실의 단계가 학문의 나무에서 지칭된 도덕이다.

물론 이 나무에는 아직 역사의 가지가 없다. 그러나 우리는 거기서 세속과 인간의 미래에 대한 낙관적 신념을 얼마든지 읽을 수 있다. 역사에 대한 관심이 근대성을 구성하는 핵심적 요소로 자리를 잡아가게 되는 것은 이런 낙관적 신념에서부터 이해되어야 한다. 새로운 자연과학의 등장은 자연에 대한 인간의 관계를 완전히 전도시켰을 뿐만 아니라 세속적 삶에 대한 긍정적인 태도를 유도했다. 이때 긍정적인 태도는 이성의 올바른 사용과 더불어 인간의 삶이 점점 개선되리라는 믿음을 핵심으로 한다. 이런 발전과 진보에 대한 믿음은 여러 가지 사회적 변혁과 맞물려 종교적 유토피아를 대신하는 이상 사회에 대한 관심으로, 이상 사회에 대한 관심은 사회 및 역사의 법칙에 대한 관심으로 이어졌다. 사회와 역사의 법칙을 합리적으로 파악할 때만 인간이 이상적인 공동체를 건설할 수 있기 때문이다. 그러나 자연에 법칙이 있는 것처럼 역사에도 법칙이 있다는 믿음은 그렇게 쉽사리 오지 않았다. 왜냐하면 그럼 믿음을 위축시키는 여러 가지 장애물이 있었기 때문이다.

발전과 진보에 대한 믿음은 여러 가지 사회적 변혁과 맞물려 종교적 유토피아를 대신하는 이상 사회에 대한 관심으로, 다시 이상 사회에 대한 관심은 사회 및 역사의 법칙에 대한 관심으로 이어졌다

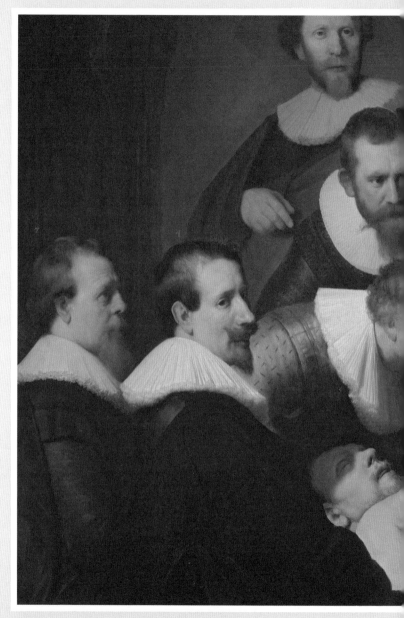

해부학 수업 The Anatomy Lesson, Rembrant Harmensz 作

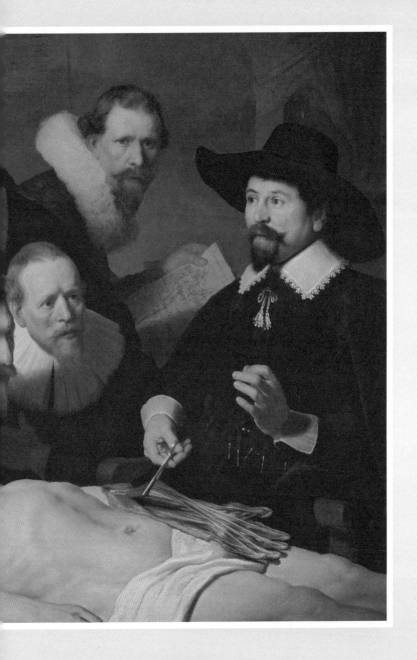

자연법칙에서 역사법칙으로

가장 큰 장애물은 역설적으로 17세기 과학혁명을 철학적으로 대변하는 데카르트 인식론 자체에 있었다. 데카르트 인식론은 이성의 올바른 사용이 가져올 무한한 가능성을 제시하면서 계몽주의적 진보 이념의 씨앗을 뿌려놓았다. 그러나 근대 역사철학이 확립되는 과정에서는 정작 데카르트적 합리주의가 가장 큰 걸림돌로 작용했다. 왜냐하면 수리자연학의 계획과 맞물린 데카르트 인식론에서는 오로지 자명한 공리와 엄밀한 논리적 연역으로 환원될 수 있는 것만이 참된 지식으로 간주되기 때문이다. 역사적인 경험이나 사실은 이런 기준을 충족하기 어려우므로 이론적 탐구의 영역에서 배제된다. 자연에서는 얻을 수 있는 명석 판명한 지식은 역사적 경험의 영역에서 전혀 기대할 수 없다는 것이다. 보편수리학의 이념과 기계론적 자연학이 지배하는 곳에서는 역사에 대한 학문적 탐구는 좀처럼 도모될 수 없었다.

철학에서 역사에 대한 탐구가 본격화되는 것은 18세기 후반이다. 특히 1760년에서 1840년까지는 역사철학의 시대라 할 만큼 역사 관련 저술들이 집중적으로 쏟아졌다. 우리는 이런 현상을 두 가지 관점에서 설명할 수 있다. 하나는 이미 언급된 이상적 공동체에 대한 관심이다. 이상적 공동체에 대한 관심이 증가함에 따라 사회·역사적 법칙에 대한 탐구가 여기저기 개진되었는데, 이런 것은 프랑스혁명 전후의 계몽주의자들에 의해 주도되었다. 다른 하나는 지식의 모델이 바뀌었다는 점이다. 특히 생물학의 발전에 따라 기계론적 자연관의 일방적 지배력이 약화되었다. 푸코는 이것을 '마테시스의 후퇴'라는 말로 집약했다.[36] 수리자연학을 뒷받침하던 보편수리학의 이념이 뒤로 물러서는 가운데 기계론적 자연관을 대신하여 유기체적 자연관이 대두되었다. 칸트에게서 명확히 드러나는 것처럼 역사에서 어떤 의미나 방향을 찾을 수 있다는 확신은 역사를 유기체적 자연의 일부로 간주할 수 있다는 믿음 위에 기초한다.

물론 유기체적 자연관에 기초하여 19세기 역사철학이 본격적으로 개진되기 전에도 역사를 철학의 영역으로 끌어들인 사례들이 없는 것은 아니다. 가장 중요한 사례는 홉스와 비코, 그리고 프랑스 계몽주의자들이다. 칸트와 독일 낭만주의 시대의 역사철학은 이런 선구적 탐구의 성과를 충분히 흡수한 덕분에 전개될 수 있었다. 먼저 홉스는 수리자연학의 영역에서 성공을 거둔 방법을 정치의 영역에 적용할 수 있다고 보았다. 인간의 심리적 본성에 기하학적 분석과 종합의 방법을 적용하여 실천적 행동의 법칙을 찾아내고, 그렇게 찾아낸 인간학적 법칙을 토대로 정치적 영역의 법칙을 엄밀하게 연역해낼 수 있다는 것이다. 이런 추론은 사회적 법칙이 심리적 법칙으로 환원될 수 있다는 전제에서 출발한다. 인간의 심리적 본성을 정확히 알면 인간들 사이에서 일어나는 사회적 관계를 이론적으로 파악할 수 있고, 심지어는 사회의 역사적 변화까지도 합리적으로 예측할 수 있다는 것이다. 이것은 자연과학과 인문과학, 자연의 세계와 인간의 세계 사이의 존재론적 연속성과 방법론적 통일성을 전제한 언명이다. 홉스는 인간도 자연의 사물들과 마찬가지로 기하학적 법칙을 따르는 어떤 물체에 해당하고, 인간들로 구성된 국가도 역시 하나의 물체에 불과하다고 본다.[37]

사회적 법칙이 심리적 법칙으로 환원될 수 있다는 전제

반면 1725년 『새로운 학문』(원제는 '모든 민족의 보편적 성질에 대한 새로운 학문의 원리들')[38]을 발표

한 비코는 두 영역 사이의 불연속성과 방법론적 차이를 전제하면서 역사철학의 가능성을 타진한 최초의 저자다. 엄격히 말하자면 비코는 자신이 기학적 방법보다 더 근본적이고 포괄적인 공리에서 출발한다고 보았다. 그것은 "진리는 만들어진 것과 같다(verum et factum convertuntur)"라는 공리다. 여기에는 우리가 오로지 만들 수 있는 것만을 알 수 있다는 직관이 담겨 있다. 어떤 것을 아느냐 모르느냐의 관건은 그것을 만들 수 있느냐 없느냐의 문제로 귀결된다는 것이다. 가령 신이 이 세상 모든 것을 알고 있다면, 그것은 신이 이 세상을 창조했기 때문이다. 기하학적 지식이 확실하다면, 그것은 기하학이 점, 선, 면, 입체로 구성된 세계이기 때문이다. 비코에 의하면 역사는 기하학보다 더 확실한 지식의 원천일 수 있다. 왜냐하면 점, 선, 면, 입체는 추상적 단위에 불과한 반면 인간이 창조한 역사는 만들어진 세계이되 구체적이고 실재적인 사실의 세계이기 때문이다.

2. 국가의 역사와 세계사의 법정

계몽주의 역사철학

이런 관점 때문에 비코는 근대 역사철학의 선구
이자 '정신과학'의 창시자로 평가받는다. 그러나 아
쉽게도 계몽주의 철학에는 거의 영향을 미치지 못
했다. 18세기 후반 헤르더에 의해 발견되기 전까지
는 빛조차 보지 못했을 정도다. 의도적으로 데카르
트적 인식론에 반대하고 합리적인 개념의 논리보
다는 '상상력의 논리학'에 호소했기 때문이다.[39] 비
코가 정치철학과 무관한 역사철학을 펼쳤다는 것
도 빼놓을 수 없는 이유일 것이다. 18세기는 온통
사회 개혁의 문제로 들떠 있던 시기였다. 이 시기의
주인공인 계몽주의자들은 이상적인 공동체로 가기

위한 변혁의 관점에서 역사의 문제를 천착했고, 이
것이 다음 시대 역사철학의 밑거름이 되었다. 카시
러는 이 점을 다음과 같이 설명한다.

> 18세기를 '비역사적인' 시대로 간주하는 항간의 견
> 해에는 역사적인 근거가 없다. 그러한 견해는 역사
> 의식을 강조하는 19세기 낭만주의가 18세기 계몽철
> 학에 대항하기 위해 만들어낸 표어에 불과하다. (…)
> 역사의 내용파악 내지 역사철학에 있어서 낭만주의
> 와 계몽주의 사이에는 상당한 차이가 있다 하더라
> 도, 방법에 있어서 낭만주의는 언제나 계몽주의에
> 크게 덕을 입고 있다. 왜냐하면 역사 분야에 있어서
> 도 그 근본적인 철학적 물음을 제기한 것은 바로 18
> 세기 계몽주의이기 때문이다. 18세기는, 자연 인식
> 의 가능성과 조건을 문제로 제기했듯이, 역사의 가
> 능성과 조건을 문제 삼았다.[40]

18세기 계몽주의에 의한 '역사 세계의 공략'[41]이
없었다면 19세기 독일 낭만주의와 함께 열릴 역사
철학의 전성기도 없었을 것이란 이야기다. 계몽주
의자들은 저마다 개성 있는 저술을 통해 합리적 역

사 인식의 필요성이나 그 조건을 탐구했다. 특히 한 민족의 정신적 기질이나 풍속에 많은 관심을 기울였다. 이는 민중의 윤리적 습성이 바뀌지 않는다면 역사적 진보 또한 불가능할 수밖에 없다는 생각 때문이다. 사회 개혁이란 결국 관습과 덕성을 바꾸는 문제로 귀착된다는 것이다. 그렇지만 다음 세대에 지속적인 준거점으로 남는 저자는 루소와 몽테스키외다.[42] 루소는 다음 세대 역사 기술(프랑스의 역사 총람, 스코틀랜드의 인간 자연사, 독일의 역사 변신론)에서 공통된 반면교사로 등장한다. 계승해야 할 긍정적인 지침이 아니라 넘어서야 할 부정적인 지침을 준다는 이야기다.『사회계약론』의 루소는 자연법에 기초한 시민사회의 발생을 기술하되 가설적인 수준에서 그려내는 것에 그쳤다. 후대의 역사철학에서 문제는 가설의 수준을 벗어나 사실의 차원에서 시민사회의 발생을 복원하는 데 있었다. 경험적으로 확증할 수 있는 특정한 시공간상에서 어떻게 법에 기초한 사회가 형성되었는가라는 물음에 답하고자 한 것이다.

이것은 자연법과 실정법 사이의 간극을 넘어서는 문제이기도 하지만, 자연 안에서 찾을 수 있는 합리성을 다시 인간의 실천적 세계에서 재발견하는 문제이기도 했다. 몽테스키외가 다음 세대의 역사철학에서 지속적인 준거점이 되는 것은 이런 문제에 적극적인 지침을 주기 때문이다. 몽테스키외는 법과 제도의 발생 배후에 있는 보편적 원리들에 주목하면서 역사 연구의 새로운 장을 열었다. 그 원리들은 해당 국가의 기후나 풍토 같은 자연적 환경, 그리고 무엇보다 해당 민족의 도덕적 역량이나 인륜적 특성 같은 정신적 기질(민족정신)에서 모색되었다. 가령 역사상 다양한 형태로 등장하는 공화정체, 군주정체, 전제정체 같은 정치체제는 각각 시민적인 덕, 명예, 공포 같은 도덕적이고 정신적인 원동력에 뿌리내린다는 것이다. 자주 인용되는 몽테스키외의 말을 인용해보자.

나는 먼저 인간들을 연구했다. 그리고 이렇게 무한히 다양한 법과 정신적 풍토(moeurs) 속에서 인간들이 오로지 자의적인 상상에 의해서만 인도된 것은 아니라고 믿었다. 나는 원리들을 제기했다. 그리고 특수한 경우들이 이 원리들에 마치 자신들의 것인 양 순응한다는 것을 보았고, 모든 민족의 역사들

은 이 원리들의 귀결임을 보았으며, 각각의 특수한
법은 다른 법에 묶여 있거나 좀 더 일반적인 법에 의
존함을 알게 되었다.[43]

몽테스키외는 우연하고 다양한 사실들 속으로
함몰해가는 저자들과는 달리 사실들 속에서 숨 쉬
는 법칙들에 주목했다. 나아가 법칙들의 연관관계
는 물론 그것들이 연유하는 보편원리들, 그 법칙들
을 배후에서 움직이는 정신적 원동력 같은 것을 찾
고자 했다. 그러나 카시러는 이런 역사철학이 '사실
자체'를 목적으로 한다기보다는 '이념형'을 제시하
는 데 주안점을 두고 있다고 평가한다. 그 결과 사
회적 공동체가 실제로 생성 변화하는 역동적인 '생
기의 과정'을 놓쳐버리고 단지 정적인 '당위 존재'
를 설명하는 데 그쳐버리게 되었다는 것이다. 이런
단점은 역사를 이성적 사회로 향한 진보로 보고자
했던 볼테르나 역사를 통해 인간 본성이 다양하게
분화되는 과정을 그리려 했던 흄에 의해 개선되어
간다.

카시러는 이런 역사철학이 '사실 자체'를 목적으로 한다기보다는 '이념형'을 제시하는 데 주안점을 두고 있다고 평가한다. 그 결과 사회적 공동체가 실제로 생성 변화하는 역동적인 '생기의 과정'을 놓쳐버리고 단지 정적인 '당위 존재'를 설명하는 데 그쳐버리게 되었다는 것이다

칸트와 헤르더

그러나 근대 역사철학의 정점에 있는 헤겔의 관점에서 뒤돌아보았을 때 계몽주의 역사철학 일반에 공통된 한계가 남아 있다. 그것은 복수의 특수한 민족의 역사에 머물러 있다는 것이다. 계몽주의 역사철학에서 헤겔 역사철학으로 이행하기 위해서는 복수의 역사를 단일한 역사로, 특수한 역사들을 하나의 일관된 논리로 묶는 보편사의 관점으로 나아가야 했다. 그러나 이보다 더 중요한 도약이 있어야 했는데, 그것은 역사에 고유한 설명 모델을 찾아주는 일이다. 그때까지 자연을 설명하던 것이 보편수리학과 기계론이라면, 역사에 대해 이런 것들에 상응하는 방법론적 모델이나 존재론적 모델을 찾아야 했던 것이다.

이런 관점의 변화에 결정적으로 기여한 것은 계몽주의의 완성자 칸트와 낭만주의의 선구자 헤르더다. 헤겔의 역사철학은 계몽주의와 낭만주의, 칸트와 헤르더의 역사철학을 종합하는 위치에 있다. 칸트와 헤르더의 공통점은 역사를 자연이나 우주라는 큰 틀에서 본다는 데 있다. 이들에게 역사는 우주에 숨어 있는 계획이 실현되는 과정이다. 그리고 그 계획의 정점에는 최고의 목적으로서 인간이 자신의 잠재력을 꽃피우며 자유롭고 평화롭게 사는 이상적인 국가가 있다. 자연 속에는 이미 이상적인 사회를 약속하는 어떤 의도가 숨어 있다는 것이다. 이때 자연은 기계론적 자연관과는 다른 관점에서 이해되는데, 중요한 것은 바로 여기에 있다.

계몽주의자인 칸트는 자연이 기계론적 인과법칙에 따른다고 굳게 믿었다. 그럼에도 불구하고 유기체에 적용할 수 있는 목적론적 원리를 자연 탐구의 '규제적 원리'나 '발견적 원리'로 사용할 수 있다고 본다. 그 자체로는 증명할 수 없지만 경험적 연구를 수행하는 데 있어 의존하지 않을 수 없는 유용한 원리라는 것이다. 이는 목적론적 원리가 객관적 원리가 아닌 주관적 가설에 불과하다는 것을 말한다.[44] 칸트는 자연 전체를 하나의 목적을 향한 단일한 유기체로 설정하고, 역사를 자연적 유기체가 자신의 목적을 실현해가는 과정의 일부로 제시했다. 반면 물활론자에 가까운 헤르더에게 우주 전체는 가설의 수준이 아니라 사실의 수준에서 단일한 유기체로 정의된다. 다양한 힘과 활력들이 이합집산하면서 수많은 생명체를 낳는 우주는 그 자체가 단일한 생명체로서 유기적 통일성을 띠고 있다는 것이다. 국가나 민족도 그 자체가 하나의 유기적 통일성을 띠는 생명체로 간주된다.[45]

이런 관점에서 강조되는 것은 개별 민족이 지닌 유일무이한 독특성이다. 각각의 개별 민족은 서로 다른 유형의 유기체이므로 서로 다른 기질과 지향성을 지닐 수밖에 없다. 서로 다른 유형의 유기체라는 것은 서로 다른 힘들의 통일체라는 것을 말한다. 모든 민족은 살아 있는 생명체로서 각기 서로 다른 생기의 원리를 가지는데, 그것이 바로 '민족정신'이다. 서로 다른 생기의 원리를 따르는 만큼 개별 민족의 삶은 서로 다른 역사적 리듬, 서로 다른 역사적 방향, 서로 다른 역사적 목적 속에 현재를 구가한다. 그러므로 역사가 단일한 목적을 향해 단선적으로 발전해간다는 생각은 버려야 한다. 역사는 앞으로 가기도 하지만 얼마든지 옆으로 가거나 뒤로 갈 수 있으며 때로는 정지할 수도 있다. 이것은 서로 다른 민족문화를 하나의 척도로 비교하거나 순서를 매길 수 없다는 것과도 같다. 각각의 민족문화는 이질적인 힘들이 서로 다른 방식으로 결합되어 빚어지는 역동적이고 유기적인 통일체이므로 외부

애덤 스미스 Adam Smith, "The muir portrait"

헤겔 Hegel, Jakob Schlesinger 作

의 척도로 평가하기 어렵다. 그것을 평가하는 척도가 있다면 그것은 오로지 그 내부에서 찾아야 한다. 따라서 이 세상에는 민족이 있는 만큼 복수의 역사가 있어야 한다.

헤겔은 당대의 낭만주의자들과 마찬가지로 이런 헤르더의 유기체 형이상학에 많은 것을 빚진다. 그러나 헤르더의 역사철학에서 헤겔의 역사철학으로 이행하기 위해서는 계몽주의의자들의 유산을 계승할 때와 동일한 문제를 해결해야 한다. 그것은 복수의 역사에서 단일한 역사로, 특수한 역사에서 보편적 역사로 나아가는 문제다. 이런 점에서는 칸트의 기여가 크다고 할 수 있다. 칸트는 계몽주의자답게 헤르더의 다원주의에 반대하면서 보편사의 이념을 옹호했다. 역사에는 오로지 유일한 유형, 유일한 방향, 유일한 목적만이 있다는 것이다. 칸트 역사철학 전체는 어떻게 단일한 관점에서 역사의 진보를 정당화할 수 있는가라는 물음으로 집약된다. 표면적으로는 혼돈과 우연으로 가득 찬 것처럼 보이는 역사 속에서 점점 더 이상적인 상태로 나아가는 상승적 이행의 가능성을 합리적으로 뒷받침하고자 한 것이다.

칸트는 '세계시민'이라는 이상적이고 규범적인 관점에서 역사의 진보를 두 단계로 설명한다. 첫 번째 단계는 자연 상태에서 국가에 이르는 과정이다. 두 번째 단계는 국가에서 세계시민의 이상이 실현될 수 있는 국가연합으로 가는 과정이다

자연, 국가, 세계

칸트는 '세계시민'이라는 이상적이고 규범적인 관점에서 역사의 진보를 두 단계로 설명한다. 첫 번째 단계는 자연 상태에서 국가에 이르는 과정이다. 두 번째 단계는 국가에서 세계시민의 이상이 실현될 수 있는 국가연합으로 가는 과정이다. 첫 번째 단계에서 자연 상태의 인간은 '사교적 비사교성'을 기본적 특성으로 한다고 전제된다. 각각의 개인은 자신의 이익을 추구하고 타인과 경쟁하는 마음으로 가득 차 있지만, 그런 탐욕과 경쟁심은 개인들사이에서 서로의 행동을 제한하여 결국 점점 더 합리적이고 문화적인 공동체가 형성되어간다는 것이다. 문화적 공동체의 정점에는 국가가 있는데, 이때 국가는 "자연이 인간의 모든 소질을 완전히 계발할 수 있는 유일한 상태"[46]다. 말하자면 역사가 자연의계획이 실현되어가는 과정이라면, 그 계획의 마지막 목표는 인간이 타인과 더불어 최대한의 자유를누릴 수 있는 '완전한 국가'를 조직하는 데 있다.

이런 첫 번째 단계의 진보를 설명할 때 칸트는 애덤 스미스('보이지 않는 손')에게서 많은 영감을 받은 것처럼 보인다. '사교적 비사교성'이라는 개인

적 이기심이 인류가 야만 상태에서 시민적 질서로, 시민적 질서에서 이상적인 국가로 나아가는 역사적 진보의 원동력이라는 것이다. 반면 두 번째 단계의 진보를 설명할 때 칸트는 홉스적인 영감에서 출발한다. 즉 자연 상태에서 인간들은 '만인 대 만인 싸움'에 놓이는 것처럼 국가들 사이에서는 항구적인 전쟁 상태가 유지될 수밖에 없다는 것이다. 그렇다면 아무리 완전한 국가라 해도 언제 파괴되거나 위축될지 알 수 없는 상황이 되어버린다. 그렇다면 국제 질서의 차원에서 항구적인 전쟁 상태를 항구적인 평화 상태로 바꾸기 위해서는 어떻게 해야 하는가? 칸트에 따르면 '국가 연합'을 조직하여 법에 따라 국가들 간의 분쟁을 해소해가야 한다. 개인적 차원에서도 변화가 있어야 하는데, 그것은 세계시민으로서의 교양과 도덕을 갖추는 것이다.[47]

이런 칸트의 역사철학에는 기독교 역사신학의 핵심인 '신의 섭리'가 '자연의 계획'으로 대체되었다는 인상을 지울 수 없다. 그리고 모든 변신론이 그런 것처럼 칸트의 목적론적 역사관에는 악의 문제를 해소해보려는 노력을 읽을 수 있다. 세속에서 심심찮게 노출되는 인간의 소유욕, 시기심, 악의 앞에서 우리는 역사가 무질서한 혼돈이거나 무의미한 우연의 연속이라는 허무주의에 빠질 수 있다. 그러나 이런 것들은 오히려 자연에 의해 계획된 역사의 일부가 아닌가? 게다가 그것은 역사를 앞으로 나아가게 하는 원동력이 아닌가? 그렇게 움직이는 역사에는 모든 인류가 다함께 희망할 수 있는 미래가 있지 않은가? 이렇게 묻는 칸트의 역사철학은 우리가 도덕적 주체로서 역사에서 위안과 희망을 찾을 수 있을 뿐만 아니라 그에 부응하는 실천적 요구를 받아들여야 한다는 것을 말하고자 한다.

헤겔 역사의 출발점, 국가

그러나 헤겔의 관점에서 이런 것은 조롱의 대상이 된다. 역사에서 어떤 위안을 찾거나 도덕적 교훈을 찾는 것은 모두 부질없는 일이 된다. 역사에서 찾아야 하는 것은 어떤 당위나 요청이 아니다. 그것은 현재가 지니는 형이상학적 의미여야 한다. 역사의 어떤 의도나 계획을 찾을 것이 아니라 필연적 법칙을 찾아야 한다. 역사는 자연의 계획 속에 있는 그 일부가 아니다. 역사는 오히려 자연의 굴레를 벗어나는 과정이다. 역사의 의미는 자연철학에 근거

역사에서 어떤 위안을 찾거나 도덕적 교훈을 찾는 것은 모두 부질없는 일이다. 역사에서 찾아야 하는 것은 어떤 당위나 요청이 아니다. 그것은 현재가 지니는 형이상학적 의미여야 한다. 역사의 어떤 의도나 계획을 찾을 것이 아니라 필연적 법칙을 찾아야 한다. 역사는 자연의 계획 속에 있는 그 일부가 아니다. 역사는 오히려 자연의 굴레를 벗어나는 과정이다. 역사의 의미는 자연철학에 근거하는 것이 아니라 정신철학에 근거한다

하는 것이 아니라 정신철학에 근거한다. 따라서 역사의 출발점은 자연 상태에서 찾을 것이 아니라 정신이 객관화된 상태, 가령 한 민족의 인륜적 삶이나 국가에서 찾아야 한다. 이런 것이 칸트에 가하는 헤겔의 비판이다. 그러나 이런 비판에도 불구하고 헤겔은 칸트에 빚지는 것이 많다. 보편사의 관점에서 진보의 이념을 철학적으로 정당화한다는 계획을 이어가는 점에서도 그렇지만, 무엇보다 국가의 역사와 세계의 역사 양자를 밀접한 관계 속에서 설명한다는 점에서 그렇다.

세계사에서는 국가를 형성한 민족만을 문제로 한다. 왜냐하면 국가야말로 절대 궁극 목적인 자유를 실현한 자주독립의 존재이고, 인간이 지니는 모든 가치와 현실성은 국가를 통해서만 주어지기 때문이다. (…) 이리하여 세계사의 대상을 명확히 정의하면, 자유가 객관적으로 존재하고 사람들이 그곳에서 자유롭게 사는 국가가 그 대상이다. 왜냐하면 법률이란 정신의 객관적 표현이고, 의지의 진실한 모습이며, 법률에 복종하는 의지만이 자유이기 때문이다.(56~57/48)

헤겔의 역사가 자유의식의 진보 과정이라면, 이
자유의식은 오로지 국가 안에서만 실현될 수 있다.
왜냐하면 자유는 한낱 개인의 자율적 내면성에 불
과한 것이 아니기 때문이다. 자유는 또한 적극적인
내용이 있는 자유, 다시 말해서 보편적 법칙(법률)
에 따른 의지의 사용이어야 한다. 자율적 내면성에
해당하는 자유는 개인주의가 옹호하는 '주관적 자
유'다. 반면 보편적 법칙에 따른 의지는 공동체주의
가 내세우는 '객관적 자유'와 같다. 헤겔이 말하는
'이성적 자유'는 주관적 자유와 객관적 자유를 각각
형식과 내용으로 하는 이중의 자유다. 그리고 이런
이중의 자유는 오로지 국가 안에서만 실현될 수 있
다.[48] 따라서 역사가 자유의식의 진보 과정이라면,
그 진보 과정은 오로지 국가를 단위로 관찰되어야
한다.

"세계사에서는 국가를 형성한 민족만을 문제로
한다"는 헤겔의 언명은 개인주의와 공동체주의를
종합하는 이런 독특한 자유 개념에 근거한다. 정확
히 말해서 헤겔의 역사는 국가 안에서 일어나는 한
민족의 인륜적 삶을 기본 단위로 한다. 그리고 그런
인륜적 삶을 통해 표현되는 동시에 그런 인륜적 삶

을 확대 재생산하는 원리가 있는데, 그것이 민족정신이다. 헤겔의 역사는 세계사를 무대로 펼쳐지는 민족정신의 역사다. 이 역사 속에서는 국가를 이루지 못한 민족이나 민족의 형성 과정 자체는 배제된다. 특정 민족이 수백 년 동안 주목할 만한 활동을 펼치며 상당한 문화적 전통을 축적할 수 있다. 그러나 그것이 '국가 없는 생활'(82/68)이라면 역사에 기록될 가치가 없다. 국가 없는 삶은 역사 없는 삶과 같다. 왜냐하면 국가 없는 삶은 자유 없는 삶이기 때문이다.

사건과 서사

역사는 자유의 역사이고, 자유의 현실태는 국가다. 그러므로 국가 없는 삶은 역사 없는 삶이 된다. 이런 삼단논법을 헤겔은 다른 관점에서 보완한다. 그것은 역사가 서사를 필수적 구성요소로 한다는 관점이다. "독일에서 역사(Geschichte)라고 하면 그것엔 객관적인 면과 주관적인 면이 통일되어 있어서 '역사'는 일어난 일(res gesta)을 의미하는 동시에 일어난 일의 기록(historiam rerum gestam)도 의미한다. 즉 역사는 사건이면서 그에 못지않게 역사 이야기이기도 하다."(83/68~69) 자유의 개념에서 그런 것처럼 헤겔에게는 늘 주관적인 면과 객관적인 면이 함께 간다. 이야기와 행위, 서사와 사건이 동시적인 것은 양자가 각각 동일한 이성적 사태를 구성하는 주관적인 면과 객관적인 면이기 때문이다. 이때 주관적인 면(이야기)이란 주체적 측면, 의식적 측면이다. 객관적인 측면이란 실체적 측면, 내용적 측면이다.

헤겔에서 이성적 사태는 어떤 실체적 내용에 불과한 것이 아니라 반드시 그것에 대한 주체적 의식, 반성적 복귀와 자기의식을 수반한다. 하나의 실체적 내용은 그것에 수반되는 주관적 자기의식을 통해 비로소 의미를 지니고 형식적 활력을 얻는다. 주관적 의식이 수반되지 않은 실체적 내용은 무의미의 침묵 속에서 깨어나지 못한다. 외부와 관계하는 역동적인 자기조절 능력에 도달하지도 못한다. 역사적 사태도 마찬가지다. 그 사태가 내용으로 하는 사건이 다른 역사적 사건들과 연결되어 어떤 의미를 분만하기 위해서는 주관적 자기의식이 수반되어야 한다. 역사적 사태를 구성하는 객관적 내용이 사건이라면, 그 사태를 관조하는 자기의식의 형식이

역사적 사태를 구성하는 객관적 내용이 사건이라면, 그 사태를 구성하는 자기의식의 형식이 서사다. 그러므로 서사 없는 사건은 역사적 사태가 될 수 없다. 서사는 언제나 사건과 동시에 나타난다. 역사는 언제나 이야기의 형식을 띤다

서사다. 그러므로 서사 없는 사태는 역사적 사건이 될 수 없다. 서사는 언제나 사건과 동시에 나타난다. 역사는 언제나 이야기의 형식을 띤다.

헤겔에 따르면 이렇게 역사의 주관적 조건과 객관적 조건이 모두 만족되기 위해서는 다시 상위의 조건이 전제되어야 한다. 그것은 국가가 있어야 한다는 조건이다. "산문적인 역사기술에 알맞은 내용, 뿐만 아니라 산문적인 역사 기술 그 자체를 산출하는 내용은 국가와 더불어 비로소 등장한다." (83/69)[49] 국가가 만들어지고 나서야 비로소 역사가에 의한 역사기록도, 그 기록에 담을 만한 내용도 생길 수 있다는 것이다. 그렇다면 국가와 더불어 등장하는 내용은 무엇인가? 그것은 법률이다. "국가 내에서 법률이 의식될 때야 비로소 명료한 행위가, 나아가 행위와 관련된 명료한 의식이 나타난다. 그리고 이 명료한 의식에 의해 역사를 보존하려는 능력이 부여되며 보존의 필요성도 생겨나는 것이다." (84/69~70) 쉽게 말해서 적어도 법률을 제정하고 운영하는 정도의 의식 수준이 되어야 국가도 세울 수 있고 역사도 쓸 수 있다는 이야기다.

국가에서 세계법정으로

헤겔『법철학』에서 개인은 가장 먼저 가족에 속한다. 다음에는 시민사회, 국가, 그리고 마지막으로는 역사에 속한다. 한 민족의 인륜적 삶은 동심원처럼 점점 넓어져가는 가족, 시민사회, 국가, 역사를 통해 영위된다. 역사, 특히 세계사는 그런 인륜적 삶의 동심원들 중에서 가장 포괄적인 마지막 동심원에 해당한다. 그러나 거꾸로 역사가 있기 위해서는 법률(성문법)이 있어야 하고, 법률이 있기 위해서는 국가가 있어야 한다.

국가, 법률, 역사로 이어지는 순서는 다음과 같이 설명될 수 있다. 먼저 한 민족의 인륜적 삶은 국가를 이루고 보존할 때 최종적인 형식에 이른다. "국가는 현실적으로 존재하는 인륜적 삶이다."(56/48) 그 다음 국가는 법률(국내법과 국제법)의 제정과 운영에서 완결된 조직에 이른다. 법률은 현실적으로 존재하는 국가다. 그리고 마지막으로 법률의 제정과 운영에서 비로소 역사적으로 보존할 내용과 그 내용에 대한 역사적 기록이 시작된다. 그러므로 역사는 법률을 가능조건으로 하되 국가 내의 인륜적 삶을 완성하는 마지막 요소다. 이것은 역사가 법률이상의 것임을 의미한다. 인간의 삶은 법률적 삶에서 완성되는 것이 아니라 역사적 삶에서 완성된다. 그렇다면 양자 사이의 간극이나 차이는 어디에 있는가? 그것은 역사적 삶에는 '객관정신'(법률과 제도로 나타나는 정신)뿐만 아니라 '절대정신'(예술, 종교, 철학으로 나타나는 정신)이 포함된다는 데 있다.

칸트에게서도 역사는 국가를 넘어서 국제법과 세계시민권의 차원으로 향하고 있었다. 헤겔에게서도 역사는 국가에서 출발하지만 다시 민족 교체를 도약의 발판으로 하는 세계사에 이르러 진정한 본성을 드러낸다. 역사의 진정한 본성은 진보에 있다. 그리고 그 진보는 세계사의 차원에서 국가들이 차례대로 더 높은 보편성의 단계로 지양되는 과정에 다름 아니다. 하지만 왜 지양되는가? 그것은 국가나 민족들이 아직도 저마다 자신의 고유한 특수성에 갇혀 있기 때문이다. 국가가 법률적 제도를 근간으로 한다면, 법률은 궁극적으로 계약의 산물인 한에서 주관적 자의와 제한된 합의에 기초한다. 그 법률에는 민족 고유의 열망과 이해관계가 반영되어 있다. 민족은 인류학적 특성이나 지리학적 환경 같은 자연적 조건에 의해 제약을 받는다. 그리고 이런 유한성 때문에 소멸의 운명을 피할 수 없다. 이런 유한성은 불멸의 예술작품과 대조를 이룬다.

국가란 예술작품이 아니다. 어디까지나 그것은 세계 내에, 따라서 자의와 우연과 오류가 만연해 있는 곳에 자리 잡은 채 그것으로 둘러싸여 있어서 자칫 잘못하면 잘못된 길로 들어설 수 있다.[50]

그러나 각각의 민족은 자신의 특수성을 스스로 지양하는 능력이 있다. 자신의 특수성을 극복하고 세계사적 의미를 지니는 새로운 보편성에 도달하는 것이다. 하나의 민족이 그런 상위의 보편성에 도달하는 것은 예술, 종교, 그리고 철학 같은 정신문화를 통해서다. 헤겔이 '절대정신'이라 부르는 이런 상위의 정신문화는 한 민족의 집단적 자기의식이 도달하는 최고의 정점이다. 국가를 이룬 민족은 자유에 대한 자기만의 고유한 이해를 지닌다. 이미 언급했던 것처럼 이때 자유란 주관적 의지와 공동체 전체 의지의 통일이자 그런 통일에 대한 의식이다. 한 민족의 집단적 자기의식, 다시 말해서 "민족정신은 이런 통일을 명확히 의식하지 않으면 안 되며, 그 인식의 중심에 위치하는 것이 종교다. 예술과 〔철학을 비롯한〕 학문도 동일한 내용을 저마다 다른 측면에서 파악한 것이다."(69/58)

이런 절대정신의 영역은 국가에 대해 이중적인 관계에 있다. 가령 종교를 보자. "종교는 한 민족이 진리로 삼고 있는 것의 정의(定義)를 가리키는 장소다."(70/59) 그렇기 때문에 민족정신의 요체는 종교에 있다. "신의 표상은 한 민족 전체를 지탱하는 토대를 이룬다."(같은 곳) 그렇기 때문에 종교는 한 국가를 정초하는 위치에 있다. 그러나 한 국가의 중심에 있으면서 그 국가를 정초하는 종교는 그 국가를 초월한다. 종교, 그리고 예술과 철학은 각각의 민족에 고유한 인간이해나 자유의식에 뿌리내리고 있지만, 그 민족을 훨씬 넘어서는 세계적인 보편성에 도달한다. 언젠가는 몰락하고 사라질 국가와 달리 불멸의 작품을 생산하는 것이다.

칸트의 역사철학에 대한 헤겔의 결정적인 비판은 이 점에서 시작한다. 칸트는 인류의 역사가 영구평화를 향해 앞으로 나아가기 위해 세계법정에 해당하는 국제기구의 설립을 제안했고, 그와 맞물린 윤리적 이념으로 세계시민주의를 제창했다. 그러나

헤겔의 관점에서 객관정신의 영역에 속하는 국제법
이나 그것과 맞물린 세계시민주의는 국가와 마찬가
지로 영원불멸의 보편성을 갖지 못한다. 강대국의
이해관계나 특수한 관심에서 비롯되는 자의와 우연
에 의해 언제든지 휘둘릴 위험성을 안고 있는 것이
다. 그러므로 헤겔은 방임적 개인주의와 추상적 세
계시민주의를 모두 거부하고 세계평화로 가는 제3
의 길을 가리킨다. 그것은 예술, 종교, 철학 같은 절
대정신의 영역에서 기대할 수 있는 인문주의의 길
이다.

내가 모든 사람과 동일한 어떤 보편적 인격으로서
파악되는 것은 빌둥(Bildung)에 속하는 문제, 보편
적인 형식 속에서 개별자를 의식하는 사유의 문제
다. 인간이 인간으로서 대접을 받는 것은 단지 인간
이기 때문이지 유대인, 천주교 신자, 개신교 신자,
독일인, 이탈리아인 등등이기 때문이 아니다. 사유
에 속하는 문제인 이런 의식은 무한히 중요한 의미
를 지닌다. 그것이 오류가 되는 것은 오로지 어떤 세
계시민주의의 형태로 굳어져 구체적인 국가적 삶에
반하게 될 때뿐이다.[51]

국가를 객관정신의 마지막 실현형태이자 '지상의 절대적 권력'으로 간주하는 헤겔의 정신철학에서 법률(국제관계법)이나 정치경제학적 제도가 서로 다른 국가를 상위 차원의 전체로 묶을 수 있는 가능성은 완전히 부정된다.[52] 국제관계는 국가의 지고한 주권 아래 종속되어 있다. 따라서 그것은 해당 국가의 이해관계에 따라 언제든지 전복될 수 있는 우연하고 피상적인 관계로 이해된다. 반면 세계시민주의는 문화적 내용을 결여한 추상적인 보편주의에 불과하다. 헤겔의 정신철학에서 어떤 내용적 실체를 갖는 보편주의, 따라서 구체적이고 생동하는 세계화는 객관정신의 차원에서는 기대할 수 없다. 이 제한된 차원에서 일어나는 세계화는 국가들 간의 치열한 경쟁과 대립(전쟁)을 가져오거나 빈곤하고 무력한 형식적 보편주의로 귀결될 뿐이다.

　진정한 세계화, 어떤 화해와 공존 속에 인류가 공동의 업적에 참여하는 세계화가 있다면 그것은 각각의 특수한 문화 속에 절대정신이 움트고 진화하는 과정 속에서만 기대할 수 있다. 그것은 개별적인 문화가 자신의 유래와 전통이 지닌 한계를 스스로 반성하고 순치해가는 어떤 도야와 교양, 빌둥의 과정과 같다. 따라서 인류에 평화를 가져오는 세계 법정이 있다면, 그것은 국제기구나 국제법이 아니라 세계사 자체에 있다. 왜냐하면 다채로운 민족문화가 서로 경쟁하는 가운데 상위의 자유 개념에 도달하고 그것을 공유해가는 정신의 운동은 세계사의 영역에 속하기 때문이다.[53]

3. 역사 이행의 논리와 그 종말

세계사의 역설

그러나 역사의 비극과 아이러니는 바로 여기에 있다. 왜냐하면 하나의 민족정신이 고도의 정신문화에 도달하여 얻은 "최후의 열매는 그것을 낳고 기른 민족의 품속으로 돌아가는 것이 아니라 그 민족에게는 쓰디쓴 음식이 되기"(104/85) 때문이다. 그 위대한 성취는 그것을 이루어낸 민족에게 오히려 생명을 앗아가는 독약이 된다. 한 민족은 자신의 잠재력을 모두 실현하고 최고의 자기의식 속에 완성된 작품을 생산하자마자 죽음을 맞이해야 한다. 그 죽음의 원인은 외부에서 오는 것이 아니라 내부에서 온다. 그것도 자신이 생산한 가장 이상적인 업적에 의해 몰락의 운명을 맞는다.[54] 그리고 그 민족을 대신하여 세계사를 주도할 다른 민족이 등장하여 그 민족이 남긴 위대한 열매를 향유한다. 헤겔이 보는 인류 역사의 진보는 이런 비극적이고 역설적인 논리에 의해 개념화된다.

> 민족정신이야말로 민족의 모든 행위와 활동 가운데 나타나는 것이며 민족이 스스로 자기 자신을 실현, 향유, 포착하는 바로 그것이다. (…) 그런데 정신의 최고 사명은 자기 자신을 아는 것이다. 그것도 자기 자신의 직관에 도달할 뿐만 아니라 자기 자신의 사고에까지 도달해야 한다. 정신은 그렇게 자기를 성취해야 하고 실제로 성취해나가지만, 이 성취는 동시에 몰락이자 다른 정신, 다른 세계사적 민족, 다른 세계사적 시대의 등장이다. 이 몰락과 교체가 하나로 이어진 전체를 만들어내고, 그것이 세계사의 개념을 형성한다.(96/79)

여기서 다시 헤겔 역사철학의 핵심 사상, 다시 말해서 "이성이 세계를 지배하고 따라서 세계사도 이성적으로 진행한다는 사상"(20/19)으로 돌아가자.

왜냐하면 위의 인용문은 세계사가 이성적으로 진행하는 모습을 구체적으로 그려주고 있기 때문이다. 이미 언급했던 것처럼 헤겔 역사철학에 등장하는 '이성'은 어떤 주관적 인식능력도, 어떤 정신적 실체도, 신과 같은 어떤 초월적 인격체도 아니다. 그것은 다만 어떤 최고의 논리적 사태나 원리를 말할 뿐이고, 그래서 어떤 것이 '이성적'이라는 것은 그것이 논리적이라는 것과 같다. 말하자면 그것은 역사철학과 논리학을 하나로 묶는 개념이라 할 수 있다. 역사가 이성적으로 진행한다는 것, 그것은 역사 진행이 논리법칙을 따른다는 것과 같다. 그렇다면 어떤 논리인가?

유기체 논리와 그 한계

가장 단순하게 줄이자면 그것은 유기체 논리라 할 수 있다. 그리고 헤겔이 생각하는 유기체 논리는 '자기규정(Selbstbestimmung)'과 '자기전개(Selbstentwickelung)'란 말로 집약된다. 이때 두 용어에는 자기관계, 자기인식, 자기조절, 자기조직, 자기발전 등 다양한 의미가 함축된다. 유기체란 외부 원리에 의존하여 자기를 조직하지 않는다. 오히려 반대로 자기 안에 있는 원리(내재적 목적)에 따라 스스로 자기 자신을 형성하고 전개해나간다. 생명체는 자신이 자기의 원인이자 자기의 결과다. 그러므로 유기체는 그런 자율적 전개를 관장하는 어떤 내면적 구심점이나 주체성을 지닌다고 해야 한다. 중요한 점은 바로 여기에 있다. 역사 진행이 이성적이라는 헤겔의 말은 유기체 논리가 함축하는 이런 자율적 주체성의 관점으로 돌아가 읽어야 한다. 그것은 역사가 어떤 필연적인 법칙에 의해 철저히 지배된다는 결정론의 옹호가 결코 아니다. 다만 세계 역사가 하나의 생명체처럼 자발적으로 자기를 형성하고 발전적으로 전개해나간다는 것을 말한다.[55]

더 정확히 말하자면 역사는 생명체와 같이 어떤 내재적 목적을 지닌 특정 민족이 주체로서 자기 자신을 알아가는 과정이자 그런 자기인식에 부합하는 정치적 질서를 만들어가는 과정이다. 이때 민족이 자기 안에 지니는 내재적 목적은 자유다. 그리고 그것에 따라 외부적으로 조직된 전체가 국가다. 민족들은 저마다 고유한 인간이해와 자유의식을 지닌다. 역사는 하나의 민족이 그런 의식을 점점 더 분명히 자각해가는 과정이자 그에 상응하는 국가체제

역사 진행이 이성적이라는 헤겔의 말은 역사가 어떤 필연적인 법칙에 의해 철저히 지배된다는 결정론의 옹호가 결코 아니다. 다만 세계 역사가 하나의 생명체처럼 자발적으로 자기를 형성하고 발전적으로 전개해나간다는 것을 말한다

를 형성해가는 과정이다. 민족마다 신이 다르고 종교가 다르듯이 민족마다 서로 다른 인간이해나 자유의식을 가진다는 것, 그리고 그 여러 형태의 자유의식이 번갈아가며 차례대로 실현되어가는 과정이 세계사라는 것, 이런 것이 헤겔 역사철학의 가장 독창적인 부분에 속한다. 여기에는 과거 제국을 형성하며 세계사를 주도했던 민족의 우월성에 대한 인정이 포함된다. 즉 그리스 민족이나 로마 민족이 세계사의 주인공이었던 이유는 다른 데 있는 것이 아니다. 그것은 정확히 당대의 다른 민족들에 비하여 그만큼 우월한 자유의식과 정치체제를 소유했기 때문이다.

이것은 매번의 민족 교체가 좀 더 우월한 형태의 자유의식이나 정치적 구성체가 태어나는 혁신적 진보의 과정임을 말한다. 그러나 앞에서 언급했던 것처럼 자신의 고유한 자유의식을 완전히 실현하자마자 그 민족은 몰락을 맞이한다. 자신이 이루어낸 마지막 성취를 자기를 대신하여 등장할 다른 세계사적 민족에게 물려주면서 소멸한다. 이런 역설과 비극은 유기체 논리로 어느 정도까지는 설명할 수 있다. 가령 완숙한 열매는 가지로서는 버티지 못할 무게를 얻게 되어 마침내 나무에서 떨어져 나온다. 그 열매를 생산한 나무에서 이탈하여 땅으로 나뒹굴게 되는 것이다. 그러나 자기전개의 개념으로 집약되는 유기체 논리는 역사철학을 자연철학의 지평으로 후퇴시킬 위험을 안고 있을 뿐만 아니라 민족 교체에 의한 역사의 단절이나 패러다임 전환을 설명하는 데는 충분치 않다. 역사적 과정에 고유한 우연성, 비연속, 도약, 과격한 혁신, 나아가 계몽주의자들이 꿈꾸었던 역사의 무한한 진보도 목적론적인 자기전개의 논리로는 감당하기 어려운 것이다.[56]

그럼에도 불구하고 헤겔의 유기체 모델의 논리에 좀 더 머물러보자. 왜냐하면 유기체 모델의 한계를 정확히 간파했던 것은 누구보다 먼저 헤겔 자신이었기 때문이다. 서양에서는 아리스토텔레스 이후 생명체를 잠재태(dynamis)와 현실태(energeia)라는 두 개념으로 설명해왔다. 생명 활동은 잠재적인 힘이나 가능성을 현실화해가는 과정이라는 것이다. 헤겔은 이런 관점에서 유기체와 정신을 다음과 같이 비교한다.

개별적 유기체는 자신의 즉자적인[=잠재적인] 본

성(was es an sich ist)에 맞추어 자기를 스스로 만들어간다. (…) 이런 전개(Entwicklung)는 아무런 대립이나 방해가 없이 직접적인 방식으로 이루어진다. 개념과 그것의 현실화, 씨앗의 특정한 잠재적 본성과 그 본성에 적합한 현존 사이에 아무것도 끼어들지 않는다. 그러나 정신에서 전개는 다르게 일어난다. (…) 정신은 자기 자신과 대립한다. 정신의 참된 적은 자기 자신인 까닭에 정신은 자기 자신을 극복하지 않으면 안 된다. (…) 자연에선 평온한 산출이었던 전개가 정신에서는 자기에 대한 혹독하고 끝없는 투쟁이 된다. 정신의 전개는 유기체적 생명에서처럼 아무런 손상과 투쟁 없는 단순한 산출로 그치는 것과는 달리 자기 자신과 대결하는 냉혹하고 자학적인 노동이다.(75~76/63~64)

역사 이행의 논리와 그 비극성

헤겔 논리학에서 잠재태는 '즉자(即自) 존재'로, 현실태는 '대자(對自) 존재'로 번역된다. 가령 씨앗은 잠재적인 가능성만을 지닌 즉자 존재이고, 거기서 나온 아름드리나무는 그 가능성이 실현된 대자 존재다. 이때 '대자(對自)'라는 말에는 위에서 언급한 주체성이나 내면성이라는 의미도 들어 있다. 그런데 씨앗이 이런 대자 존재에 해당하는 나무가 되기 위해서는 한 가지 다른 절차가 필요하다. 즉 씨앗이 땅에 뿌려져 주변 환경과 관계하며 끊임없이 분화되어가야 한다. 이것은 씨앗에 들어 있는 잠재적 가능성이 외면화되고 구체적인 내용을 획득해가는 과정과 같다. 씨앗이 나무와 같은 대자 존재가 된다는 것은 그렇게 복잡하게 분화된 내용들이 통일성을 얻는다는 것을 말한다. 그것은 그 잡다한 내용들 속에 어떤 활력적인 형식의 원리로서 작용하는 어떤 자기(스스로 자기와 관계하면서 자신을 새롭게 조율하는 구심점)가 갖추어져야 한다는 것과 같다.

헤겔 논리학에서 분화나 복잡화는 '타자 존재'나 '대타 존대'로 불린다. 다른 것에 의존하는 가운데 다른 모습으로 계속 변해가기 때문이다. 즉자 존재(잠재적 가능성)가 대자 존재(현실태)로 현실화되기 위해서는 먼저 그런 의미의 타자 존재나 대타 존재가 되어야 한다. 어떤 외면적 분화 과정이 있어야 하는 것이다. 그러므로 헤겔의 유기체 논리는 대체로 3단계로 진행된다. 즉자에서 대타로, 대타에서 대자로 나아가는 것이다. 이런 즉자, 대타, 대자의 세 가지 계기는 경우에 따라 정립, 반-정립, 종합의 계기로 대체되기도 한다. 이때 정립은 어떤 직접적 통일성을, 반-정립은 그 직접적 통일성의 분열과 그 분열로 인한 대립을, 종합은 그 대립의 화해와 통일을 가리킨다. 헤겔 철학에서 이 세 가지 계기에 해당하는 가장 큰 개념은 이념, 자연, 정신이다. 세상만사의 존재론적 씨앗에 해당하는 것이 이념이다. 그 이념이 외면화된 형체를 얻어 자연이 되며, 그 외부적 자연으로부터 이념이 자기 자신으로 복귀하여 내면적 통일을 이룰 때 정신이 된다. 이념은 어떤 직접적 통일성이고, 자연은 어떤 분열과 대립의 영역이며, 정신은 그런 대립의 화해다.

이런 3단계 리듬은 다시 이념, 자연, 정신의 각 영역에서, 그 세부의 전개 속에서 계속 반복된다. 전체의 단일한 논리적 순환이 정반합(定反合)의 계기를 지난다면, 각각의 계기는 다시 동일한 리듬으로 계속 분화되어간다. 하나의 원환이 원환들의 원환으로, 원화들의 원환들의 원환으로 계속 복잡해지는 것이다. 그러므로 국가의 역사도 이런 3단계 전개의 논리에 따른다. 국가는 처음에 다른 국가들과 고립되어 있다가 그 다음에는 대외적 관계와 국

헤겔 철학에서 이 세 가지 계기에 해당하는 가장 큰 개념은 이념, 자연, 정신이다. 세상만사의 존재론적 씨앗에 해당하는 것이 이념이다. 그 이념이 외면화된 형체를 얻어 자연이 되며, 그 외부적 자연으로부터 이념이 자기 자신으로 복귀하여 내면적 통일을 이룰 때 정신이 된다. 이념은 어떤 직접적 통일성이고, 자연은 어떤 분열과 대립의 영역이며, 정신은 그런 대립의 화해다

내의 파벌 경쟁 속에 갈등(전쟁)이나 분쟁에 휩싸인다. 그리고 마침내 주변 국가들을 장악하여 하나의 제국을 이룸으로써 통일에 이룬다. 세계사는 동양, 그리스 - 로마, 게르만이라는 세 민족의 역사로 압축된다. 그리고 동양의 역사는 중국, 인도, 페르시아로 3원화된다. 자유의식의 진보도 마찬가지다. 한 사람만의 자유(동양)가 일부의 자유(그리스 - 로마)를 거쳐 모두의 자유(게르만)로 발전해가는 것이 자유의 역사다. 헤겔의 역사는 어디서나 이렇게 3단계의 논리적인 리듬에 따라 전개되어가고, 그런 의미에서 이성적이다.

그러나 이런 역사의 논리적 전개는 단지 내적 목적에 의해서만 중심화되는 것이 아니다. 거기에는 소멸이 또 하나의 중심을 이루고 있다. 수학적 논리에서와는 달리 유기체 논리에서는 대립은 배타적인 것이 아니라 상호 포함적인 것으로 끝난다. 가령 무한한 것은 유한 것의 저편에 있는 것이 아니라 유한한 것 속에서, 유한한 것을 통해 비로소 자기 모습을 드러낸다. 이것이 무한자의 존재 방식이다. 그런데 유한한 것은 반드시 소멸해야 한다. 언젠가는 몰락하고 죽음을 맞이해야 한다. 그럼에도 불구하고 그 소멸은 자신의 뿌리이자 근거인 무한자를 현재 속에 나타나게 만든다. 그리고 그것이 무한자가 시간 속에서, 역사 속에서 모습을 드러내는 유일한 방식이다. 몰락이나 파멸에 해당하는 독일어로 'Zugrundegehen'이라는 말이 있다. 헤겔은 이 말을 분철, 직역하여 '근거(Grund)로 돌아간다'라는 말로 새기길 좋아한다. 유한자의 소멸이 갖는 논리적 의미를 설명하는 데 종종 애용하는 것이다. 즉 유한한 것, 특수하고 우연한 것은 파멸하는 가운데 자신의 근거로 돌아간다. 그리고 그렇게 돌아가는 가운데 그 근거로 하여금 현재로 걸어오도록 만든다.

참되고 무한한 근거는 술잔 속의 거품처럼 부풀어 오르다 사라지는 유한자들의 희생 속에서 구체적으로 현상한다. 유한한 것들이 겪어야 할 희생과 소멸의 불행이 없다면 그 어느 곳에서도 참된 것은 나타나지 않는다. 그 어느 곳에서도 논리적 이행이 일어나지 않는 것이다. 특히 역사에서 그렇다. 역사는 "민족들의 행복, 국가들의 지혜, 그리고 개인들의 덕성이 끌려와 희생되고 마는 도살장"(35/31)과 같다. 물론 그런 희생이 일어나지 않는 시기, 그래서 행복하다 말할 수 있는 시기가 없었던 것은 아니다. 그러나 그런 시기는 아무런 발전이나 진보도 일어나지 않는 시기, 따라서 무의미한 시기다.

세계사는 행복이 거주하는 땅이 아니다. 세계사에서 행복의 시기들은 빈 페이지들이다. 왜냐하면 대립이 결여된 밋밋한 균형의 시기들이기 때문이다.(42/36)

이성의 간계

헤겔 역사철학의 첫 번째 전제는 역사가 이성에 의해 지배된다는 것이다. 이것은 역사적 사태가 논리적 사태라는 것과 같다. 그러나 이것은 역사의 진행이 기계적이라거나 자동적인 움직임이라는 것을 말하지 않는다. 역사적 사태는 논리적이되 비극적이고, 그런 한에서 정념적이다. 헤겔이 유기체의 전개와 정신의 전개를 애써 구별한 이유는 여기에 있다. 유기체에서 부분은 전체에 봉사하는 위치에 있되 파괴되거나 희생되지 않는다. 부분들은 상호 호혜적인 관계 속에 평화롭게 공존한다. 그러나 정신의 역사적 전개는 개체들의 끊임없는 갈등과 잔혹한 희생을 대가로 한다. 역사의 수레바퀴는 행위자

정신의 역사적 전개는 개체들의 끊임없는 갈등과 잔혹한 희생을 대가로 한다. 역사의 수레바퀴는 행위자들의 불행과 소멸에 힘입어 돌아간다

들의 불행과 소멸에 힘입어 돌아간다. 헤겔은 이렇게 역사적 행위의 주체들이 역사 진보를 위한 도구로 전락하는 논리 - 비극적 사태를 '이성의 간계'라는 개념으로 압축한다.

특수한 관심에 사로잡힌 정념은 보편자의 실행과 분리할 수 없다. 왜냐하면 보편적인 것은 특수하고 한정된 것들의 부정에서 귀결되기 때문이다. 특수한 것들은 서로 맹렬히 싸워 한쪽이 몰락(zugrunde)에 이른다. 대립과 투쟁에 휩쓸려 들어가 위험에 직면하는 것은 보편적 이념이 아니다. 이념은 배후에 자리하면서 공격받지도, 침해되지도 않는다. 이념이 정념의 활동을 수수방관하며 그런 활동을 통해 자신의 실현에 기여하는 것이 상실을 겪고 손해를 입어도 개의치 않는 것, 그것을 우리는 '이성의 간계(List der Vernunft)'라 부를 수 있다.(49/42)

이성의 간계는 원래 헤겔의 『논리학』(3부 개념 - 논리학)에 등장하던 용어였다. 여기서 문제는 어떤 '간접적인' 목적론적 행위를 설명하는 데 있다. 그리고 이 용어는 목적과 행위 사이에 어떤 제3

의 대상을 끼워 넣어서 특정한 목적 실현을 위한 도구로 삼는 전략적 사고를 가리킨다. 이런 전략적 계책 덕분에 행위 주체는 목적 실현 과정에서 겪을 수 있는 '기계적' 폭력에서 면제될 수 있다. 이성의 간계는 역사철학에서도 역사적 행위의 주체(세계사적 민족과 개인)들이 겪어야 할 도구적 운명과 그에 따른 폭력적 수난을 표현한다. 그러나 이것이 전부는 아니다. 헤겔 역사철학에서 이 용어는 목적론적 행위나 전략적 행위와 구별되는 역사적 행위 자체의 고유한 특성을 부각하기 위한 포석이다. 그렇다면 역사적 행위의 고유한 특성은 어디에 있는가? 그것은 두 가지인데, 하나는 정념성이고 다른 하나는 창조성이다.

헤겔의 대전제는 역사가 이성적이라는 것이다. 그러나 이성의 간계를 언급할 때는 역사가 이성적임에 못지않게 정념적임을 강조한다. 즉 역사는 어떤 기계적 법칙에 따라 자동적으로 굴러가는 수레바퀴라기보다 개인의 특수한 욕망과 이기심에 의해 펼쳐지는 정념의 드라마다. 역사의 보편적 논리는 이런 정념의 드라마 속에서, 그 드라마의 주인공들이 갈등하고 소멸하는 운동 속에서 비로소 모습을 드러낸다. 그러므로 역사는 논리와 정념을 씨실과 날실로 하는 양탄자다.

세상에서 위대한 일은 그 어떤 것도 정념 없이는 이루어지지 않았다. 우리가 대상으로 삼는 것은 두 가지 계기로 이루어져 있는바 하나가 이념이고 다른 하나가 인간의 정념들이다. 하나는 우리 앞에 펼쳐져 있는 세계사라는 큼직한 양탄자의 날실이고 다른 하나는 그것의 씨실이다.(38/33)

세계사라는 양탄자의 날실인 이념은 역사의 대체적인 목적과 방향, 이행의 형식을 규정한다. 그러나 그것은 "즉자적이고 잠재적인 규정"일 뿐이어서 자기 혼자 실행되거나 현실화되는 힘을 결여한다. "그런 이념에 구체적 형태와 현존을 부여하는 활동은 인간의 욕구, 충동, 경향, 그리고 정념이다."(36/32) 애덤 스미스의 시장에서 개인은 자신의 사적인 이익을 추구한다. 칸트의 원초적 사회에서 인간은 '사교적 비사교성'의 주체로서 자기중심적으로 행동한다. 그러나 어떤 '보이지 않는 손'이나 '자연의 계획'에 따라 합리적인 질서와 공공선이 생겨나고 사회 발전이 이루어진다. 헤겔의 '이성의 간계'는 이런 종류의 영감을 발전시켜 나온 개념이다. 이 개념에는 자본주의적 인간관이나 자유 개념이 적극 반영되어 있다.

이성의 간계는 결국 인간의 욕망과 정념이 지닌 적극적 의미를 옹호하는 개념이다. 그러므로 우리는 이 개념을 중심으로 실천적 인간을 어떻게 정의해야 하는가라는 물음 앞에서 칸트와 헤겔이 보여주었던 차이를 분명하게 확인할 수 있다. 칸트는 개인의 욕망과 이기심, 나아가 모든 정념적 경향의 저편에 도덕적 주체의 자유를 설정했다. 반면 헤겔의 인간은 인륜적 삶의 주체다. 그리고 인륜적 삶 속에서는 개인적 관심, 감정, 습관 같은 비합리적 요소가 법과 제도 같은 합리적 법칙 못지않게 자유를 구성하는 중요한 요소다. 규범의 습득이나 원활한 실천은 오로지 그런 비합리적 요소가 가져오는 활력 속에서만 이루어질 수 있다는 것이 헤겔의 생각이며, 이 점에서 그는 루소와 한편이다. 이성의 간계는 이런 헤겔의 기본적 직관이 역사철학 내에서 다시 한 번 구체적으로 표현되는 계기로 보아야 한다. 정념과 이성은 헤겔에게 세계사의 양탄자를 짜가는

씨실과 날실일 뿐만 아니라 행동하는 주체를 조직
하는 씨실과 날실이기도 한 것이다.

세계사적 개인

인간의 욕망과 정념을 긍정한다는 것이 이성의
간계에 포함된 내용이라면, 거기에는 또한 우연을
긍정한다는 의미도 들어있다. 그 개념은 역사가 신
과 같은 초월적인 주체에 의해 그 세부까지 관장되
고 있다는 어떤 독단적인 결정론의 표지가 아니다.
역사에서 모든 우연성을 몰아내고 필연성만 남긴다
거나 인간의 능동적 역할을 부정하고 법칙만 남기
는 개념이 아닌 것이다. 그것은 오히려 역사의 필연
성이 우연성을 매개로 자기를 조직해간다는 직관을
표현한다. 헤겔에게서 필연성은 극복된 우연성, 이
른바 지양된 우연성이다. 세계사가 정념과 이념을
씨실과 날실로 하는 양탄자라는 것은 역사가 우연
과 필연이 함께 얽혀가는 직물이라는 말과 다르지
않다. 그것은 역사에서 우연성이 갖는 적극적 의미
를 옹호하는 개념인 것이다.

그런데 우연성을 옹호한다는 것은 예측 불가능한
변화와 그로 인한 창조적 혁신의 가능성을 긍정한

**헤겔에게서 필
연성은 극복된
우연성, 이른바
지양된 우연성
이다**

다는 것과 같다. 이것은 '이성의 간계'가 역사에 새로움을 가져오는 '세계사적 개인'을 설명하는 문맥에서 등장한다는 점에서 분명한 사실이다. 칸트 미학은 예술에서 일어나는 새로운 혁신의 가능성을 천재 개념을 통해 설명한다. 여기서 천재는 자연을 대신하는, 하지만 자신이 무엇을 하는지 모르는 무의식적 입법자로 정의된다. 헤겔 역사철학에서 칸트의 천재에 해당하는 입법적 주체가 세계사적 개인이다. 즉 세계사적 개인은 세계사적 민족과 마찬가지로 "자신의 개인적 목적을 추구하면서 동시에 좀 더 높은 것, 그 이상의 목적에 대한 수단이나 도구가 되어 그것에 대해서는 아무것도 모르면서 무의식적으로 그 목적을 실현한다."(40/35) 그렇게 실현된 목적은 그들이 "직접적으로 알고 바라던 것과는 전혀 다른 것"이고, "그들의 관심 속에 내재하는 것이기는 하나 그들의 의식과 의도 안에는 없었던 것"(42~43/37)이다.

세계사적 개인이 자신이 무엇을 하는지도 모르고 무의식적으로 이루어낸 결과는 혁신적 변화의 가능성이다. 그 가능성은 "현존하는 한 민족이나 국가에 대하여 그 기초를 이루는 보편성과는 다른 종류의 보편성을 포함"하고, "세계정신의 의지에 해당하는 실체적 내용"(45/39)을 생산한다. 요컨대 그것은 어떤 거대한 역사적 전환을 가져올 창조적 가능성이다.[57] '이성의 간계'는 그러므로 법칙만 있고 인간이 없는 어떤 결정론적 역사관을 집약하는 것이 아니다. 그것은 오히려 역사적인 것에 고유한 어떤 단절과 새로움의 출현을 부각시키는 개념이자 그런 혁신적 변화의 중심에 있는 인간을 묘사하기 위해 동원된 개념이다. 그렇다면 어떻게 묘사하는가?

헤겔은 그런 창조적 인간을 무의식적이되 위대한 통찰력의 소유자로, 나아가 저돌적 의지의 소유자로 그린다. 그들은 남다른 직관력을 통해 "시대의 요구와 추세,""다음 단계의 세상에서 필연적으로 다가올 일반적인 경향을 간파"(46/39~40)한다. 나아가 그렇게 간파된 미래를 이루기 위해 자신의 모든 정력을 거기에 쏟아 붙는다. 그러므로 그들은 타인의 충고를 잘 듣지 않는다. 미래를 아는 것은 오직 그들뿐이기 때문이다. 또한 그들은 주저하거나 고민하지 않는다. 자신의 목적에 매진하는 나머지 자신의 일과 무관한 것은 아무리 지고하고 신성한 것이라 해도 경솔하게 취급한다. "이런 행태는 물론 도덕적 비난을 받아 마땅하다. 그러나 이런 위대한 인물은 자신이 가는 길 위에서 죄 없는 꽃들을 무수히 짓밟고 무수히 뭉개댈 수밖에 없는 노릇이다."(49/42)

그러나 선악을 초월한 듯한 차원에서 미래의 정신을 맞이했던 이 영웅들은 하나같이 불행한 삶의 주인공이었다. 평화로운 시간에 안주할 겨를 없이 평생 악전고투의 현장을 누벼야 했고 내면에서 휘몰아치는 정념을 견뎌야 했다.

목적이 달성되었을 무렵에는 그들은 알맹이 없는 열매의 껍질처럼 떨어진다. 그들은 알렉산더 대왕처럼 요절하거나 시저처럼 살해되거나 나폴레옹처럼 유배되기도 한다. 역사적 인물이 행복한 경우는 없으며, (…) 이것은 소름끼치는 역사적 사실이다

목적이 달성되었을 무렵에는 그들은 알맹이 없는 열매의 껍질처럼 떨어진다. 그들은 알렉산더 대왕처럼 요절하거나 시저처럼 살해되거나 나폴레옹처럼 유배되기도 한다. 역사적 인물이 행복한 경우는 없으며, (…) 이것은 소름끼치는 역사적 사실이다.(47/40)

헤겔이 '이성의 간계'라는 말로 표현하고자 했던 것 중의 하나가 역사적 행위의 주체가 감당해야 하는 불행이다. 위대한 역사적 성취에도 불구하고 불행한 삶을 살아야 하는 운명이고 보면 그 주체는 무언가 숨겨진 계책의 수단이나 희생물에 불과한 것처럼 보이는 것이 사실이다. 역사적 위인이 죄 없는 꽃들을 무수히 짓밟으며 앞으로 나아가는 것처럼, 세계정신은 선악의 저편에 있는 역사적 위인들을, 그리고 그들이 속한 민족들을 무수히 짓밟아 뭉개며 앞으로 나아가는 것이다.

역사의 종언

그렇다면 세계사적 개인이나 민족들을 짓밟아 뭉개며 앞으로 나아가는 역사는 언제, 어디서, 그리고 어떻게 끝나는가? 왜냐하면 역사가 이성의 논리에 따라 진행한다는 것은 그 목적이 완전히 실현되는 지점이 있다는 것을 함의하기 때문이다. 여러 차례 지적한 것처럼 헤겔에게서 역사란 무엇인가 하는 문제가 이성이란 무엇인가 하는 문제로 귀착한다면, "이성이란 무엇인가 하는 문제는 (이성을 세계와의 관계 속에서 생각하는 하는 한) 세계의 궁극 목적이 무엇인가 하는 문제와 일치한다."(29/26) 이때 '궁극 목적(Endzweck)'은 목적(Ziel)이란 뜻만이 아니라 끝, 종결, 완성(Ende) 같은 의미도 동시에 포함한다. 섭리 개념을 중심으로 하는 기독교의 역사관이 그런 것처럼, 이성 개념을 중심으로 하는 헤겔의 역사관은 종말론적 성격을 띤다. 이때 '종 말(eschaton)'은 어떤 예정된 끝이되 시작에서 조성된 모든 가능성이 극단적으로 실현된다는 의미를 지닌다. 그렇다면 헤겔에게서 이런 복합적 의미를 담은 역사 진보의 끝은 어떻게 일어나는가?

이것은 어쩌면 하나마나 한 질문인지 모른다. 왜 냐하면 앞에서 이미 헤겔의 역사가 자유의식의 진보 과정이요 그 과정은 (1인이 독점하는) 동양적 자유에서부터 (만인이 향유하는) 게르만 세계의 자유에 이르는 과정임을 언급했기 때문이다. 그러나 헤겔에 의해 제기된 '역사의 종말' 혹은 '역사의 종언'은 수많은 논쟁을 불러일으켰다. 왜냐하면 헤겔 시대 이후에도 엄연히 펼쳐져온 역사적 변화나 발전을 설명하는 문제와 부딪히기 때문이다. 게다가 헤겔의 종말론은 지나친 유럽중심주의와 오리엔탈리즘을 담고 있어서 동양의 지식인에게는 그의 세계사 강의 자체가 거의 허구적인 날조에 불과한 것처럼 보인다. 헤겔은 후대의 사상사에 어떻게 동양과 서양에 공평한 역사철학을 쓸 것인가 하는 문제를 남겼다. 우리가 이런 문제를 제대로 파악하고 해결

헤겔의 종말론은 지나친 유럽중심주의와 오리엔탈리즘을 담고 있어서 동양의 지식인에게는 그의 세계사 강의 자체가 거의 허구적인 날조에 불과한 것처럼 보인다. 헤겔은 후대의 사상사에 어떻게 동양과 서양에 공평한 역사철학을 쓸 것인가 하는 문제를 남겼다

하기 위해서는 무엇보다 헤겔의 역사철학과 씨름하는 것에서부터 시작할 수밖에 없다. 모르고서 어떻게 넘어설 수 있는가. 그러므로 그것이 허구적 날조라 해도 계속 진지하게 들여다보도록 하자.

사실 헤겔은 서양인들도 고개를 휘저을 만큼 강하고 극단적인 종말론을 표명했다. 우리는 가령 철학사 강의를 마무리하는 대목에서 그런 주장을 읽을 수 있다. 여기서 헤겔의 종말론은 두 가지를 전제한다. 하나는 역사상 철학 이론들이 등장하는 시간적 순서와 체계상 개념적 규정들이 이어지는 논리적 연역의 순서가 같다는 전제다. 이념의 역사적 전개와 개념의 체계적 전개는 다르지 않으며, 그래서 철학에서는 역사와 체계가 유사하다는 것이다.[58] 이는 완결된 철학 그 자체가 철학사의 마지막 완성에 해당한다는 것과 같다. 다른 하나는 철학사와 세계사는 평행 관계를 이룬다는 전제다. 철학사의 단계와 세계사의 단계는 서로 맞물려 있다는 것이다. 그래서 "어떠한 철학도 자신의 시대를 뛰어넘을 수 없다"는 것이며, 그렇지만 "철학사는 세계사의 가장 심층적인 내면"이라는 것이다.[59] 이런 전제에서 헤겔은 자신에 의해 철학의 체계가 완결되

"어떠한 철학도 자신의 시대를 뛰어넘을 수 없다"는 것이며, 그렇지만 "철학사는 세계사의 가장 심층적인 내면"이라는 것이다

었고, 따라서 철학사뿐만 아니라 세계사도 역시 마지막 완성 지점에 도달했다고 선언한다.

> 새로운 시대의 세계가 열렸다. 세계정신은 이제 모든 낯선 대상적 본질을 떨쳐버리고 마침내 자신을 절대정신으로 파악하는 데 성공한 것처럼 보인다. (…) 이제 세계사 전체, 특히 철학사에서 이런 절대적 자기의식은 어떤 이방적인 것이기를 그쳤고, 그래서 정신은 본래 그대로의 온전한 정신으로 현존한다. (…) 이런 것이 목하 현시대의 입장인바 연속적으로 이어져오던 정신적 형성의 순서는 이 지점에 이르러 드디어 끝나게(geschlossen) 된다. 이것으로서 철학사는 닫히게(beschlossen) 되는 것이다.[60]

이것은 철학사뿐만 아니라 세계사가 모든 변화의 수고와 노동에서 벗어나 평온한 안식일을 맞이한다는 말은 아닐 것이다. 모든 것이 이루어졌으므로 더이상 새로운 일은 벌어지지 않는 휴지기로 접어들었다는 것도 아닐 것이다. 그것은 어쩌면 만개한 꽃처럼 어떤 충만한 문명화의 상태가 지속될 가능성을 암시하는지도 모른다. 보수적인 헤겔주의자들은 정확히 그렇게 받아들인다. 그럼에도 불구하고 우리는 헤겔의 문장이 앞으로의 역사에서는 더 이상 창조적 혁신이나 도약이 없을 것임을 말하고 있다는 인상을 받지 않을 수 없다. 더 이상의 거대하고 혁명적인 패러다임 전회를 기대할 필요가 없을 만큼 인류 역사가 발전의 마지막 국면에 접어들었다는 것이고, 앞으로의 역사는 이 마지막 국면의 끝없는 지속에 불과하다는 주장처럼 들리는 것이다.

세계사의 동과 서, 그리고 새로운 시작

그러므로 동구 공산권 국가들이 붕괴되고 냉전 체제가 해체될 당시 후쿠야마는 헤겔의 예언이 적중된 것처럼 말하여 세계적인 주목을 받은 바 있다. 모든 정치 체제나 정부 형태들을 뒤로 하고 자유 민주주의가 최후의 승리를 거두면서 드디어 세계사에서 역사의 종언이 실제로 실현되고 있다는 것이다. 그리고 미래 역사에 동력을 부여하는 것이 있다면 그것은 영원한 자유민주주의 체제의 바탕에 깔린 '인정의 욕망'에 있을 뿐이라는 것이다.[61] 그러나 이런 빈곤한 해석과는 달리 헤겔적인 종언의 주제에서 새로운 시작이나 전회의 가능성을 구하는 관점이 있는데, 우리는 그것을 하이데거나 데리다의 해체론에서 찾아볼 수 있다. 이런 해체론적 돌파구로 가는 길을 위해 역사의 종언과 관련된 헤겔의 다른 문장을 인용해보자.

세계사의 경과는 정신의 위대한 하루 노동(das grosse Tagewerk des Geistes)이다. 세계사는 동쪽에서 서쪽으로 나아간다. 왜냐하면 유럽은 그야말로 세계사의 끝이고 아시아는 그 시작이기 때문이다. 동쪽이란 것은 그 자체로서는 전적으로 상대적인 어떤 것인 반면, 세계사에 대해서는 어떤 절대적 의미의(κατ᾽ ἐξοχὴν) 동쪽이 있다. 왜냐하면 지구는 구체를 이루고 있음에도 불구하고 역사는 이 지구를 돌며 원환을 그리는 것이 아니기 때문이다. 역사는 오히려 어떤 특정한 동쪽을 가지고 있을 것이며, 그것이 바로 아시아다. 여기서는 외면적이고 물리적인 태양이 떠오르고, 또 이 태양은 서쪽으로 진다. 하지만 이와 더불어 자기의식이라는 내적인 태양이 떠오르는 것이고, 이 내적인 태양은 훨씬 찬란한 빛을 발한다. (134/109)

헤겔 Georg Wilhelm Friedrich Hegel, Julius Ludwig Sebbers 作

야스퍼스 Karl Jaspers, Pascal Kirchmair 作

헤겔은 여기서 방대한 세계사 전체의 궤적을 일출에서 일몰에 이르는 하루의 경과로 집약한다. 수천 년의 인류 문명사는 동쪽에서 해가 떠서 서쪽에서 해가 지는 과정으로 도식화할 수 있다는 것이다. 이것은 동양과 서양에 해당하는 독일어 'Morgenland'와 'Abendland'가 각각 '아침의 나라'와 '저녁의 나라'라는 속뜻을 지녔기에 가능했던 비유일 것이다. 게다가 태양은 빛과 생명의 원천이라는 점에서 헤겔적 의미의 정신을 대신하는 상징일 수 있다. 이 아름다운 비유 속에는 이른바 오리엔탈리즘의 원형이 빛을 발하고 있다. 이런 강력한 유럽중심주의와 동양비하사상은 언젠가는 체계적이고 정교한 소송의 절차를 거쳐야 할 것이다. 근대적 현실 속에서 아직도 완전히 잠에서 깨어나지 못한 동양 문화의 전통으로부터 미래 역사의 새로운 동력을 길어올 가능성을 준비하기 위해서는 특히 그런 소송의 절차가 반드시 필요한 것 같다.[62] 그러나 이런 버거운 문제는 제쳐두고 어떻게 서양 현대 철학자들이 헤겔이 도달한 역사의 종말을 새로운 시작의 출발점으로 전도시키는지 확인해본다.

먼저 하이데거를 보자. 역사의 종말을 장대한 일

몰로 장면화하는 헤겔을 염두에 두면서 하이데거는 헤겔 이후의 역사를 칠흑의 밤으로 묘사하기를 즐긴다. 현대의 역사는 황혼의 저녁을 지나 새로운 아침을 기다리는 깜깜한 밤을 맞이했다는 것이다.[63] 그렇다면 현대인(정확히는 유럽인)이 지나고 있는 '세계의 밤'은 어떤 시대인가? 그것은 전-지구적인 테크놀로지의 지배력 속에 인간의 창조력이 완전히 고갈되는 시대, 인간이 획일화된 논리에 의해 무한히 조작되는 시대, 존재 망각이 극치에 이르러 정신적 궁핍에 시달리는 시대다. 테크놀로지 시대는 그리스에서 태어난 이론적 사유가 자신의 잠재력을 최종적이고 극단적으로 실현하는 시대에 해당한다. 그것은 기술적 문명의 빛에 의해 존재의 빛이 완전히 힘을 잃어버리고 뒤로 물러난다는 의미에서 역사가 빠져드는 세계의 밤이다.

하이데거는 서양적 사유(이론적 사유)가 맞이한 이런 역사적 귀결을 종말론적 사유 속에서 극복하고자 한다. 이때 종말론적 사고란 서양적 사유의 역사 전체를 관통하는 핵심과 그 극단적인 요소들을 회상적으로 불러 모으고 압축하는 사유, 그런 가운데 그 역사를 가속화하거나 스스로 순환의 주기 바

<hr />

하이데거 철학의 종말론적 사고란, 서양적 사유의 역사 전체를 관통하는 핵심과 그 극단적인 요소들을 회상적으로 불러 모으고 압축하는 가운데 그 역사를 가속화하거나 스스로 순환의 주기 바깥으로 사라지게 만드는 작별의 예식이다

같으로 사라지게 만드는 작별의 예식이다. 즉 종말(eschaton)이란 송별이자 결별(Abschied)의 사건이다.[64]

다른 한편 데리다는 '끝(fin)'이란 말이 지닌 다의적 의미를 강조하는 가운데 하이데거가 작별로 해석한 '에스카톤'을 새로운 시작으로 번역한다.[65] 이런 번역의 배후에는 두 가지가 숨어 있다. 하나는 역사적 시간을 메시아적 구조에 따라 파악해야 한다는 생각이다. 다른 하나는 목적론적 역사 이해를 넘어서야 한다는 생각이다. 더 정확히 말해서 역사의 종결(Beschlus)을 가져오는 헤겔의 변증법적 지양을 서양적 사유의 울타리(clôture)를 그리는 해체론적 글쓰기로 대체해야 한다는 것이다. 이때 울타리란 모든 것이 정지하는 한계를 말하지 않는다. 그것은 오히려 역사의 가능 범위를 조형하고 제한하는 경계이되 그 바깥으로 열릴 가능성을 지닌 어떤 이중적 회기의 경계다.[66]

맺음말
근대적 세계관의 위기

　긍정적인 관점에서 보자면 이런 하이데거 - 데리
다의 해체론적 종말론은 2000년 서양 사상사에 작
별을 고하고 새로운 1000년의 시작을 예비하는 작
업이라 할 수 있다. 이들의 작업은 진보주의와는 거
리가 멀다. 가령 하이데거에게 역사는 진보가 아닌
퇴보의 과정이다. 하이데거 이전에는 니체가 소크
라테스 이후의 서양 사상사를 디오니소스적 지혜
(비극적 정신)가 약화되어가는 과정으로 바라보았
다. 니체와 평생 대결을 펼친 하이데거도 마찬가지
로 그리스 이후 서양의 역사 전체를 존재 망각이 심
화되어가는 여정으로 그린다.

반면 데리다는 진보 – 퇴보의 이항대립 자체를 넘어선다. 시간이 앞으로 가든 뒤로 가든 상관없는 다른 관점에 서는 것이다. 그것은 공시적(synchronic) 시간의 개념을 앞세우던 구조주의의 영향 덕분일 것이다. 통시(通時)적인 관점에 작별을 고한다는 것, 그리고 공시(共時)적인 관점에서 서양 사상사의 구조적 특성과 한계를 밝힌다는 것, 이런 것에서 우리는 데리다 해체론의 독특한 기여를 찾을 수 있다. 예를 들어 데리다에게 서양 사상사는 음성을 생생한 진리 현전의 계기로 간주하는 음성중심주의에 의해 구조화된다. 서양의 진리 담론은 빛의 은유에 의해 지배되고 있다는 점에서 태양중심주의에 의해 구조화된다. 그리고 그렇게 구조화된 개념 체계의 중심에는 그 체계를 닫는가 하면 열어놓는 어떤 역설의 논리, 이른바 차연의 논리가 숨어 있다.

문제는 차연의 논리가 지배하는 그 중심이 마침내 메시아주의가 다시 태어나는 모태로 변형된다는 데 있다. 우리는 이것을 데리다가 1980년대부터 개진한 실천학적 담론에서 볼 수 있다. 여기서 데리다는 벤야민과 레비나스에 의해 탈 – 신학화된 메시아주의(메시아 없는 메시아주의)를 차연의 논리를 통해 다시 더 먼 곳으로 번역, 이동시키는 과제에 몰두한다. 그러므로 부정적인 관점에서 보자면 하이데거-데리다의 해체론적 종말론은 좁게는 헤겔의 그늘을, 넓게는 유럽중심주의의 그늘을 완전히 벗어나지 못하고 있다. 이들은 헤겔의 종말론을 극복하되 헤겔의 길을 따라 극복하고자 한다. 헤겔이 따르던 논리에 반하는 논리로 새로운 시작을 도모한다기보다는 헤겔의 논리 자체를 따르면서 헤겔의 바깥으로 이행하려는 것이다. 그러나 그 바깥은 여전히 유럽적 사유의 안쪽에서, 그 안쪽의 안쪽으로서 발견되는 바깥에 불과하다.

헤겔의 사유는 어떤 확고한 지리철학에 종속되어 있다. 철학은 그리스에서 처음 태어난 어떤 것이고 유럽의 기독교 문명권 안에서 비로소 만개할 수 있었던 어떤 것이라는 것이다. 그것이 2000년의 주기를 마감하고 새로운 형태로 다시 태어난다 해도 그 재탄생의 장소는 여전히 유럽일 수밖에 없다고 한다. 이 점을 거듭 강조하는 하이데거는 말할 것도 없고 벤야민, 레비나스, 데리다의 철학도 이런 유럽

중심의 지리철학을 완전히 벗어났다고 보기에는 어려울 것이다. 우리가 이렇게 말할 수 있는 것은 동서양 모두에 공평한 관점이나 동서양 모두를 넘어서는 관점을 얼마든지 생각할 수 있기 때문이다.

동서양 모두에 공평한 관점은 야스퍼스에서 좋은 사례를 찾을 수 있다. 그는 1930년대 후반 나치의 박해를 피해 일본에 체류하면서 '세계철학'이란 용어와 씨름했다. 이때 세계철학은 헤겔과 하이데거가 절대화했던 '유럽철학'과 맞서는 개념이다. 야스퍼스가 이 개념을 내세우는 배경에는 두 가지 생각이 자리한다. 하나는 철학이 그리스 – 기독교 전통의 전유물이 아니라는 생각이다. 철학은 유럽 이외에도 중국과 인도를 탄생 장소로 한다는 것이다. 야스퍼스는 이런 생각을 '주축시대(Achsenzeit)'의 테제로 뒷받침한다. 주축시대란 연대기상으로는 기원전 800년에서 200년에 이르는 시기다. 이 시기에 인간 이성은 중국, 인도, 유럽에서 동시 다발적으로 신화와 종교에서 해방되어 보편적이고 영원한 철학적 물음들에 부딪혔다는 것이다. 그리고 문화권마다 자기 고유의 방식과 한계 안에서 그 물음들에 대

한 해결책을 찾았다는 것이다.[67]

    야스퍼스가 세계철학을 내세우는 배경에는 또한 문명권들 사이의 활발한 소통과 교류가 있어야 한다는 생각이 자리한다. 각각의 문명권에서 국지적으로 구축된 철학적 전통이 서로 만나고 교차하면서 영원한 철학적 물음들에 대하여 어느 문명권에서나 통하는, 그야말로 세계적인 보편성에 도달하도록 끊임없이 노력해야 한다는 것이다. 세계철학은 그런 문경 간 철학적 대화를 전제하는 개념이다. 야스퍼스는 세계철학의 모범을 보이기 위해 스스로 세계철학사를 기획, 집필하여 방대한 분량의 원고를 남겼다. 그리고 60대 말 자신의 철학적 여정을 회고하는 강연에서는 세계철학의 기획이 헤겔-하이데거의 유럽철학에 대해 가지는 관계를 이렇게 표현했다. "우리는 유럽철학의 일몰로부터 우리 시대의 땅거미를 지나 세계철학의 새벽으로 나아가고 있다."[68] 철학사의 새로운 아침은 지구 전체에 공평한 철학적 대화로 시작해야 한다는 것이다.

동서양 모두를 넘어 제3의 길을 개척하는 사례로는 우리나라 철학자 박동환의 '3표론'에서 찾을 수 있다. 3표론은 세 문명권의 인문적 전통을 미니멀리즘의 기법을 통해 세 가지 표로 정리하는 작업을 말한다. 이제까지 세계사를 지배해왔던 유럽적 사유와 중국적 사유, 그리고 세계사의 변방에 속하는 잉여 지대의 사유 각각에서 마지막 핵심을 뽑아내어 가능한 한 가장 단순한 공식에 담는 작업이다. 가령 박동환은 중국적 사유의 논리를 집체부쟁(集體不爭)이란 말로 압축하고 유럽적 사유의 논리를 정체쟁의(正體爭議)란 말로 집약한다. 그리고 잉여 지대의 사유를 어떤 파국의 논리로 요약하는가 하면 'x의 존재론'으로 펼쳐낸다.[69] 동서의 지배 사상에 대한 주변부 지식인의 항거인 동시에 한국에 고유한 역사적 체험을 보편적 논리로 승화시키는 독특한 사례라 할 수 있다.

이미 앞에서 언급했던 것처럼 근대적 세계관을 구성하는 주요 요소들은 진보적 역사관 속에 통합되면서 나름의 일관성을 획득했다. 자율적 개인, 과학과 기술, 민주주의와 자본주의, 순수 예술의 이념

등과 같은 것이 근대성을 구성하는 기본 요소들이었다. 그리고 역사가 어떤 목적을 향해 발전해간다는 생각은 그런 요소를 감싸는 어떤 외피와 같았다. 그러나 유럽이 양차 세계대전을 겪으면서, 그리고 세계화 시대를 통과하면서 그 외피가 여기저기 터져나가고 말았다. 그 결과는 자명한 것이다. 근대적 세계관의 요소들이 일관성을 상실하면서 세계관의 위기가 닥친 것이다.

우리는 몇 세기 동안 지배적이었던 세계관이 통일성을 잃어버린 시대를 살고 있다. 앞으로 통일성을 갖춘 세계관이 다시 등장하기 위해서는 현대 문명의 주요 요소들을 묶을 수 있는 새로운 역사관, 특히 세계사에 대한 새로운 관점이 수립되어야 한다. 야스퍼스의 세계철학이나 박동환의 3표론 같은 기획은 단순히 철학사를 어떻게 바라볼 것인가라는 물음에만 국한된 작업은 아닐 것이다. 우리는 이런 기획과 작업에서 미래가 요구하는 역사관뿐만 아니라 그것에 기초한 새로운 세계관의 형성에 다가갈 단초까지 찾을 수 있을 것이다.

주

1 순수예술가의 등장은 근대 직업관의 완성에 해당한다. 그것은 직업을 단순한
  생계유지 수단이 아니라 개인의 자기실현 및 자발적 도야의 장소로 받아들이
  는 역사적 국면을 상징한다. 우리는 그것을 자율적 윤리관의 완성 국면으로,
  따라서 근대적 인간관의 완성 국면으로 확대 해석할 수 있을 것이다. 즉 근대
  적 의미에서 인간이 된다는 것은 예술가처럼 자신의 창의적 역량으로 돌아가
  그것을 실현한다는 것, 예술가처럼 자신의 고유한 우주를 구축해간다는 것이
  다. 헤겔과 마르크스에 의해 정립된 근대적 노동관의 배후에도 이런 예술 중
  심의 직업관이 자리한다. 근대 세계에서 노동은 예술적 작업에 버금가는 창조
  적 과정이며, 그래서 그것은 잉여가치의 유일한 원천으로 간주된다.
2 내면성의 원리는 개인이 외부의 규범이나 명령에 복종하되 자신의 양심과 일
  치할 때만 따라야 한다는 원칙을 말한다. 헤겔은 근대적 자유 개념을 정초하
  는 이런 내면성의 원리가 기독교(특히 그것의 성령 개념)에서 발원하되 종교
  개혁과 프랑스혁명을 통해 비로소 세속적 질서 안에 광범위하게 자리 잡게 되
  었다고 본다. 헤겔, 『역사철학강의』, 권기철 옮김(동서문화사, 2008), 4부 3편

참조.

3 Stephen F. Mason, *A History of the Sciences* (New York: The Macmillan Company, 1962), 147쪽.

4 A. N. 화이트헤드, 『과학과 근대세계』, 오영환 옮김(서광사, 1989), 35쪽, 72~73쪽.

5 F. 베이컨, 『신기관』, 진석용 옮김(한길사, 2016), 단장 41~67 참조.

6 갈릴레오 시기 코페르니쿠스 천문학에 대한 교회의 입장은 1615년 벨라르 미노(Bellarmino) 추기경의 편지에서 명확히 표명되고 있다: "태양을 천체의 중심에 놓고 지구를 하늘에 떠 있는 것으로 가정하면서 현상을 설명할 수 있다고 논증하는 것과 실재로 태양이 천체의 중심에 있고 지구가 하늘에 떠 있다는 것을 논증할 수 있다는 것은 아주 다른 것이다. 나는 첫 번째 논증을 받아들일 수 있다고 본다. 그러나 두 번째 논증에 대해서는 매우 회의적이다. 의심이 드는 경우에 우리는 교부들이 말씀하신 것처럼 성서를 버리지 말아야 한다." M. A. Finocchairo, *The Galileo Affair* (Berkely: University of California Press, 1989), 68쪽. 이 점에 대한 좀 더 상세한 논의로는 이태하, 『경험론의 이해』(프레스 21, 1999), 34~42쪽 참조.

7 G. Galileo, *The Assayer, in The Controversy on the Comets of 1618*, S. Drake & C. D. O. Malley 옮김(Philadelphia: University of Pennsylvania Press, 1960), 183~184쪽.

8 아리스토텔레스, 『형이상학』, 조대호 옮김(길, 2017) 11권 3장(1061a): "수학자는 추상을 통해 생겨난 것들을 연구한다. 다시 말해서 무거움과 가벼움, 단단함과 무름, 따뜻함과 차가움 따위의 반대되는 감각 성질들을 모두 제거한다. 그리고 양과 연속성만을 남겨서 대상들을 양과 연속됨의 조건 아래에서만 살필 뿐 다른 어떤 조건 아래에서도 살피지 않는다." 『형이상학』 13권 2장의 제목은 "수학적 대상들은 독립적인 실체가 아니다"이고, 여기서는 "수학적 대상들이 물체들보다는 더 높은 정도로 실체인 것이 아니라는 점, 그리고 그

것들이 감각 대상들보다 존재의 측면에서 앞서지 않고 단지 정의(定義)의 측면에서만 앞선다는 점, 그리고 그것들은 어딘가에 독립적으로 있을 수 없다는 점"이 논의된다. 그리고 아리스토텔레스는 이런 결론에 도달한다. "수학적 대상들은 감각 대상들 안에 있을 수도 없기 때문에 분명 전혀 존재하지 않거나 특수한 방식에서만 존재할 뿐이며, 따라서 전적으로 엄밀한 의미에서 존재하는 것은 아니다."(1077b)

9 토마스 S. 쿤, 『과학혁명의 구조』, 조형 옮김(이화여자대학교 출판부, 1980), 43~44쪽, 63쪽 참조.

10 데카르트, 「메르센 신부에게」 1638년 11월 11일 편지, *Oeuvres de Descartes*, AT 전집 Ⅱ권 (Paris: J. Vrin, 1964~76), 380쪽. 이하 1부의 데카르트 인용은 이 전집을 기준으로 본문 내에 표기하되 전집 Ⅱ권 380쪽은 2:380으로 표기한다.

11 아리스토텔레스, 『자연학』, 임두원 옮김(부크크, 2015), 3권 1장 참조.

12 데카르트와 관련하여 스콜라 자연학을 소개하는 상세 자료로는 Dennis Des Chene, "Aristotelian Natural Philosophy: Body, Cause, Nature," J. Broughton & J. Carriero 편, *A Companion to Descartes* (Malden: Blackwell, 2008), 17~32쪽 참조.

13 서양 근대 철학사에서 목적인 개념이 비판, 옹호되는 과정을 체계적으로 정리한 저서, Colas Duflo, *La finalité dans la nature: de Descartes à Kant* (Paris: PUF, 1999) 참조.

14 고대에서 데카르트에 이르는 보편수리학의 전승 및 변형 과정에 대해서는 David Rabouin, *Mathesis Universalis: l'idée de 'mathématique universelle' d'Aristote à Descartes* (Paris: PUF, 2009) 참조. 데카르트에서 보편수리학이 심화, 극복되는 과정에 대해서는 F. de Buzon, *La Science cartésienne et son objet: mathesis et phénomène* (Paris: H. Champion, 2013) 참조.

15) 아리스토텔레스, 『영혼에 관하여』, 유원기 옮김(궁리, 2001), 2권 1~2장 참

조. 그러므로 아리스토텔레스의 영혼론에서 영혼은 앎이나 의식의 기능보다는 삶이나 생명의 기능에 치중하여 고찰된다. 이 점에 대한 좀 더 자세한 논의는 Fernando Inciarte, "Der Begriff der Seele in der Philosophie des Aristoteles," Klaus Kremer 편, *Seele: ihre Wirklichkeit, ihre Verhältnis zum Leib und menschlichen Person* (Leiden/Köln: E. J. Brill, 1984), 46~73쪽 참조.

16 그러나 읽기에 따라서 『방법서설』 5부는 기계의 무한한 진화 가능성을 암시하고, 따라서 인간처럼 자유롭게 말하는 기계의 가능성을 원천적으로 배제하지 않는 것처럼 보이기도 한다. 이런 과격한 해석의 가능성에 대해서는 John Cottingham, "Cartesian dualism: theology, metaphysics, and science," John Cottingham 편, *The Cambridge Companion to Descartes* (Cambridge: Cambridge University Press), 236~257쪽 참조.

17 아리스토텔레스, 『영혼에 관하여』 3권 2장: "우리는 우리가 보고 듣는 것을 의식하기 때문에 시각이 보는 것을 감각하는 사람이 의식하는 것은 필연적으로 시각에 의해서거나 다른 어떤 감각에 의한 것이다." 그 외 『니코마코스 윤리학』 9권 9장: "만일 보는 사람이 본다는 것을 느끼고, 듣는 사람이 듣는다는 것을 느끼며, 걷는 사람이 걷는다는 것을 느낀다면, 그래서 이와 유사하게 다른 능동적 활동에 대해서도 우리가 능동적임을 의식하는 무엇인가가 있다면, 우리는 우리가 지각한다는 의식을 가질 것이요 우리가 생각한다는 것을 생각하게 될 것이다." 여기서 '느낀다' '의식한다'로 옮긴 원래 단어는 'aisthanesthai'다. 프랑스 번역자는 이 말을 'avoir conscience de'로 옮긴다.

18 데카르트에서 칸트에 이르는 코기토 논쟁의 역사에 대해서는 나의 박사 학위 논문 Sang-Hwan KIM, *Cogito cartésien et non‐cartésien* (Université Paris—Sorbonne, 1991), 2부 참조.

19 G.W.F. Hegel, *Enzyklopädie der philosophischen Wissenschaften im Grundrisse I* (Frankfurt am Main: Suhrkamp, 1970), 64절 보충, 154쪽.

20 G.W.F. Hegel, *Vorlesungen über die Geschichte der Philosophie III* (Frankfurt am

Main: Suhrkamp, 1971), 120쪽: "우리는 진정 데카르트와 더불어 어떤 자립적인 철학으로 들어서게 된다. 이때 자립적인 철학이란 자신이 이성의 힘으로 홀로 서게 된다는 것을 알고 나아가 자기의식이 참된 것의 본질적인 계기임을 아는 철학이다. 여기서 우리는 고향에 도착했다고 말할 수 있으며 요동치는 바다에서 오래도록 표류하던 끝의 뱃사람처럼 '저기가 육지다!'라고 외칠 수 있다. (…) 〔데카르트가 열어놓은〕 새로운 시대에서 철학의 원리는 사유이되 자기 자신에서부터 출발하는 사유, 즉 내면성이다. 이 내면성은 일반적으로 기독교를 배경으로 하고 있으며 이것이 또한 프로테스탄트 원리다. (…) 데카르트는 근대 철학의 진정한 출발점이다. 이것은 근대 철학이 사유를 원리로 한다는 점에서 그렇다. (…) 그래서 그는 사안 전체를 처음부터 다시 시작했고 철학의 바탕을 처음으로 완전히 새로 구성한 영웅이다. 철학은 천년의 세월이 흐르고 나서야 이제 비로소 자신의 땅으로 되돌아온 것이다."

21 라캉, 『세미나 11: 정신분석의 네 가지 근본 개념』, 맹정현 옮김(새물결, 2008), 60쪽 참조. 좀 더 자세한 설명은 김상환, 『니체, 프로이트, 맑스 이후』 (창비, 2002), 1부 2장 「데카르트의 코기토에서 무의식적 주체로」 참조.

22 칸트, 『순수이성비판』, 백종현 옮김(아카넷, 2006), A348.

23 들뢰즈, 『차이와 반복』, 김상환 옮김(민음사, 2004), 202쪽 이하 참조.

24 J. Derrida, *L'écriture et la différence*(Paris: Seuil, 1967), 93쪽: "〔데카르트적 기획은〕 사실적이고 규정된 형태의 역사적 구조 안에 가두어둘 수 없다. 왜냐하면 그것은 유한하고 규정된 형태의 총체성 전체를 초과하는 기획이기 때문이다."

25 J. Derrida, 같은 책, 87쪽.

26 J. Derrida, 같은 책, 95쪽.

27 에밀 앙게른, 『역사철학』, 유헌식 옮김(민음사, 1997), 84쪽.

28 G. W. F. Hegel, *Vorlesungen über die Philosophie der Geschichte* (Frankfurt am Main: Suhrkamp, 1970). 국역본으로는 헤겔, 『역사철학강의』, 권기철 옮

김(동서문화사, 2008) 참조. 이 책의 인용은 본문 내에서 쪽수를 표기하되 독일어 원본의 쪽수와 국역본의 쪽수를 다음과 같이 순차적으로 표기한다. (독일어본 쪽수/국역본 쪽수). 국역본을 이용할 때는 독일어 원본에 기초하여 번역을 수정, 보완한다.

29 J. Schlobach, *Zyklentheorie und Epochenmetaphorik. Studien zur bildlichen Sprache der Geschichtsreflexion in Frankreich von der Renaissance bis zur Frühaufklärung* (München: C. H. Beck, 1980) 참조.

30 K. Löwith, *Der Mensch immitten der Geschichte* (Stuttgart: J. B. Metzler, 1990) 참조.

31 H. Blumenberg, *Die Legitimität der Neuzeit* (Frankfurt am Main: Suhrkamp, 1974) 참조.

32 파스칼, 『팡세』, 이환 옮김(민음사, 2003), 213쪽.

33 데카르트, 『방법서설』, 이현복 옮김(문예출판사, 1997), 220쪽.

34 나종석, 『헤겔 정치철학의 통찰과 맹목』(에코리브르, 2012), 151쪽: "근대에 이르러 고대의 목적론적 자연이 수행하던 역할은 인간의 사회적·역사적 세계가 담당하게 되었다. 이 세계야말로 인간이 상실한 고향을 되찾을 수 있는 새로운 영역으로 이해되기에 이른다. (…) 인간 역사의 무한한 진보에 대한 믿음 그리고 인간의 역사 자체가 바로 인간의 삶에서 중요한 의미를 구성한다는 생각은 근대 역사철학의 발전에 결정적으로 기여한다."

35 이하의 데카르트 인용은 Ch. Adam과 P. Tannery가 편찬하여 보통 AT로 약칭되는 *Oeuvres de Descartes* (Paris: J. Vrin, 1964~1974)에 기초한다. 가령 AT 전집 IX-2권 14쪽은 9-2:14로 표시한다.

36 푸코, 『말과 사물』, 이규현 옮김(민음사, 2012), 478쪽 이하 참조. 푸코는 또한 인간과학의 모델이 처음에는 생물학에서 차용되었지만 이후 차례대로 경제학과 언어학으로 옮겨갔음을 밝혀 주목을 끌었다. 이에 대하여 『말과 사물』, 485~500쪽 참조.

37 홉스, 『리바이어던』, 진석용 옮김(나남출판, 2008) 참조.

38 비코, 『새로운 학문』, 이원두 옮김(동문선, 1997).

39 카시러, 『계몽주의 철학』, 박완규 옮김(민음사, 1995), 279쪽.

40 카시러, 같은 책, 263~264쪽.

41 카시러, 같은 책, 263쪽. '역사 세계의 공략'은 계몽주의 역사철학에 할애된 이 책 5장의 제목이다. 카시러는 이 장에서 특히 벨, 몽테스키외, 볼테르, 흄의 역사철학을 상세히 다룬다. 그 내용을 간략히 요약하면, 벨은 역사적 사실의 세부에 대한 무차별한 호기심을, 몽테스키외는 역사에 내재하는 일반 원리에 대한 관심을 대변한다. 볼테르는 각 민족의 역사를 통해 이성적 사회로 나아가기 위해 필요한 정신문화와 윤리적 풍토(moeurs)가 무엇인지 물었던 반면, 흄은 역사를 통해 인간 본성이 역동적으로 형성되거나 다양하게 분화되는 과정에 초점을 두었으며 역사에 대한 복수적 해석의 가능성을 강조했다. 그 밖에 계몽주의 역사철학에 대한 자세한 연구로는 E. Martin-Haag (éd), *Les Lumières et l'histoire* (Toulouse: Kairos, 1999) 참조.

42 이하 논의는 B. Binoche, "Ni Hegel ni Montesquieu?" 앞의 책, *Les Lumières et l'histoire*, 9~27쪽, 특히 9~11쪽 참조.

43 몽테스키외, 『법의 정신』, 하재홍 옮김(동서문화사, 2007), 17쪽. 번역 수정 및 인용자 강조.

44 칸트, 『판단력비판』, 백종현 옮김(아카넷, 2009), 61절, 64~68절, 79~82절 참조.

45 헤르더, 『인류의 교육을 위한 새로운 역사철학』, 안성찬 옮김(한길사: 2011) 참조. 그 외 헤르더, 『인류의 역사철학에 대한 이념』, 강성호 옮김(책세상, 2002) 참조.

46 칸트, 「세계시민의 관점에서 본 보편사의 이념」, 『칸트의 역사철학』, 이한구 편역, (서광사, 2009), 39쪽.

47 칸트, 『영구평화론』, 이한구 옮김(서광사, 2008) 참조.

48 헤겔, 『법철학』, 임석진 옮김(한길사, 2008), 258절 본문과 주해, 442쪽: "개 개인의 최고 의무는 국가의 성원이 되는 데 있다. (…) 이성적이라는 것은 추 상적으로 본다면 한마디로 보편성과 개체성이 상호 침투하여 일체를 이루는 것이다. 이를 국가에 빗대어 구체적으로 말한다면 내용상으로는 객관적인 자 유(공동성에 기초한 실체적 의지)와 주관적인 자유(개인의 앎이나 특수한 목 적을 추구하는 개인의 의지)가 통일을 이루는 것이며, 따라서 형식상으로는 행동이 사유된 법칙과 원리에 따라, 즉 보편적인 법률이나 원칙에 따라 규정 되는 것이다."

49 그러므로 "역사 이전의 세계란 아직 국가생활(Staatsleben)이 존재하지 않 는 시대로서, 여기서의 생활에는 자기의식이 없어서 뭔가를 예감하거나 예기 하는 일은 있어도 그것이 사실(Fakta)로서 정착해 있다고는 할 수 없다." 헤겔, 『역사철학강의』, 142/117

50 헤겔, 『법철학』, 임석진 옮김(한길사, 2008), 258절, 추가, 450쪽.

51 헤겔, 같은 책, 209절, 주해, 387쪽. 번역 수정.

52 헤겔, 같은 책, 331절 이하 참조.

53 헤겔, 같은 책, 341절 참조.

54 그러므로 "한 민족정신의 자연사는 오히려 자살의 형태를 띤다고 할 수 있 다." 헤겔, 『역사철학강의』, 100/82쪽.

55 G. Marmasse, *L'histoire hégélienne entre malheur et réconciliation* (Paris: J. Vrin, 2015), 6장 참조.

56 이런 비판에 대해서는 에밀 앙게른, 『역사철학』, 유헌식 옮김(민음사, 1997), 144쪽 참조.

57 헤겔 역사철학에서 혁신적 변화의 주제를 천착한 연구로는 유헌식, 『역사이성 과 자기혁신』(철학과현실사, 2009) 참조.

58 G. W. F. Hegel, *Vorlesungen über die Geschichte der Philosophie I* (Frankfurt am Main: Suhrkamp, 1971), 49쪽.

59 G. W. F. Hegel, *Vorlesungen über die Geschichte der Philosophie III* (Frankfurt am Main: Suhrkamp, 1971), 456쪽.

60 G. W. F. Hegel, 같은 책, 460~461쪽.

61 프랜시스 후쿠야마, 『역사의 종말』, 이상훈 옮김(한마음사, 1989) 참조.

62 이 점과 관련된 좀 더 심층적인 논의를 위하여 김상환, 『철학과 인문적 상상력』(문학과지성사, 2012), 4부 2장 「탈근대의 동과 서」 참조.

63 M. Heidegger, *Holzwege*, 전집 5권(Frankfurt am Main: Klostermann, 1977), 325~326쪽: "과연 우리의 저녁은 지구 전체뿐 아니라 이 지구에 매달려 있는 역사적 공간의 시간을 뒤바꾸어 놓을 전대미문의 변화를 목전에 두고 있는 것인가? 과연 우리가 서 있는 곳은 새로운 아침으로 이어질 어떤 밤으로 향한 저녁인가? 우리는 이제 막 지구의 저녁이라는 이 역사의 땅 안으로 이주해 들어가려는 것인가? 저녁의 나라(Land des Abends)는 이제 막 모습을 드러내려는 것인가? 이 서쪽 나라(Abend-Land)는 동양과 서양을 훌쩍 넘어서고 또 유럽을 지나 급기야 훨씬 더 시초적인 미래 역사의 장소가 될 것인가? 오늘을 살고 있는 우리는 이미 서쪽 나라에 속하는 사람들인가? 하지만 우리가 서쪽 사람들이라면, 이는 오로지 우리가 세계의 밤(Weltnacht)으로 이행한다는 사실을 통해서만 드러날 수 있는 의미에서 그런 것이 아닌가?"

64 M. Heidegger, 같은 책, 301~302쪽: "이런 작별 속에서의 회집이란 이제까지 펼쳐져온 본질의 극단들을(에스카톤, 절정, 끝들)이 모여들어 회집한다는 것(로고스, 모으기)이며, 그것이 바로 존재의 종말론이다."

65 J. Derrida, "Les fins de l'homme," *Marge de la philosophie* (Paris: Minuit, 1972), 144쪽, 147쪽. 그 밖에 다른 데리다의 글 "D'un ton apocalyptique adopté naguère en philosophie," Ph. Lacoue-Labarthe, J.-L. Nancy 편, *Les fins de l'homme: à partir du travail de Jaques Derrida* (Paris: Hermann, 2013), 445~479쪽 참조.

66 데리다의 울타리(clôture) 개념에 대해서는 김상환, 『해체론 시대의 철학』(문학과지성사, 1996), 186~193쪽 참조.

67 K. Jaspers, *Vom Ursprung und Ziel der Geschichte* (München: R. Piper, 1949) 1장 참조. 이 책에 대한 국내 해설로는 김우창 교수의 네이버 〈열린연단: 문화의 안과 밖〉 강연, 「야스퍼스의 『역사의 근원과 목적에 대하여』 읽기 (2015년 5월 16일) 참조. 강연 원고는 『고전 강연 2: 고전 시대』(민음사, 2018), 265~365쪽 볼 것.

68 K. Jaspers, "Mein Weg zur Philosophie"(1951년 1월 바젤 라디오 강연), in *Rechenschaft und Ausblick. Reden und Aufsätze* (München: R. Piper, 1958), 331쪽.

69 최근 선집의 일부로 출간된 박동환의 두 저서, 『안티호모에렉투스』(사월의 책, 2017)와 『x의 존재론』(사월의 책, 2017) 참조. 박동환의 3표론에 대한 해설로는 김상환, 『철학과 인문적 상상력』(문학과지성사, 2012), 4부 4장 「박동환의 3표론과 현대 차이의 철학」 참조.

색인

ㅇ

ㅊ

ㅋ

X

근대적
세계관의
형성

2018년 11월 19일 1판 1쇄 박음
2018년 11월 27일 1판 1쇄 펴냄

지은이 김상환
펴낸이 김철종 박정욱
책임편집 최윤선 **디자인** 이정현, 최예슬 **마케팅** 김지훈
인쇄제작 정민문화사

펴낸곳 에피파니
출판등록 1983년 9월 30일 제1 - 128호
주소 03146 서울시 종로구 삼일대로 453(경운동) KAFFE빌딩 2층
전화번호 02)701 - 6911 **팩스번호** 02)701 - 4449
전자우편 haneon@haneon.com **홈페이지** www.haneon.com

ISBN 978-89-5596-858-3 03100

일러두기
단행본, 잡지의 이름은 『 』, 짧은 글의 제목은 「 」, 강연 제목은 〈 〉로 표기하였습니다.

이 도서의 국립중앙도서관 출판예정도서목록(CIP)은 서지정보유통지원시스템 홈페이지
(http://seoji.nl.go.kr)와 국가 자료공동목록시스템(http://www.nl.go.kr/kolisnet)에서
이용하실 수 있습니다.(CIP제어번호: CIP2018037450)